쉰 살의
직장인

쉰 살의 직장인

초판 1쇄 인쇄 2022년 12월 5일
초판 1쇄 발행 2022년 12월 12일

지은이 박태현

기획 이유림
편집 김정웅
마케팅 총괄 임동건
마케팅 안보라, 김민숙, 임주성
경영지원 임정혁, 이순미

펴낸이 최익성
펴낸곳 플랜비디자인

일러스트 하완
디자인 박은진

출판등록 제2016-000001호
주소 경기도 화성시 첨단산업1로 27 동탄IX타워 A동 3210호

전화 031-8050-0508
팩스 02-2179-8994
이메일 planbdesigncompany@gmail.com

ISBN 979-11-6832-040-6 03320

쉰 살의 직장인

다시 달리는 법을 배우다

박태현 지음

PlanB DESIGN 플랜비디자인

서문

서른 즈음에 일찌감치 끝나버린 삶의 잔치,
그 후로 무려 이십 년을 달려왔다.
오랜 세월, 쉼 없이 달려왔지만
언제까지 달려야 하는지 알 길이 없다.

더 달리고 싶다 해도
달릴 수 있는 것도 아니고,
더 달리기 싫다 해도
달리지 않을 수 있는 것도 아니다.
쉰 살의 운명은 스스로의 결정이 아니라
그를 둘러싼 환경에 의해 결정되는 것이 아닐까.
마치 교체 주기가 얼마 남지 않은 노트북처럼.

늘 누군가를 케어하며 살아왔고
여전히 케어해 주어야 할 사람은 많은데,
정작 스스로는 케어받지 못한 채 살아왔던 쉰 살.

어쩌겠는가?

아무도 케어하지 않으니 스스로 케어할 수밖에.

이 책은

가장 당당해야 할 세상에서

자존심 내려놓고 숨죽이며 살아가는

쉰 살 즈음의 직장인에 관한 이야기를 담았다.

그들이 처한 웃픈 현실,

생존 레슨,

그리고 말하기에 쑥스러운 소박한 희망을

마음 가는 대로 끄적끄적 적어본 것이다.

차례

2부 사람은 이해하는 것이 아니라 외우는 것이다

3부 문제는 꼰대가 아니다

4부 **쉰 살이 넘으면 모두가 시인이 된다**

5부 **다시** **달리는 법을** **배우다**

1부

후배가
나의 팀장님이
되었다

오르막을 잘 오르는 법을 배우며 살았듯이,
내리막을 잘 내려가는 법도 배우며 살아야겠지.

후배가 나의
팀장님이 되었다

후배가 나의 팀장님이 되었다. 나에게 혼나기 일쑤였던 그가 이젠 나를 평가하는 팀장님이 되어버렸다. 내 눈치를 살살 보며 아양을 떨던 그가, 어이없게도 내가 모셔야 할 팀장님이 되어버린 것이다.

산전수전 다 겪으며 살아왔지만 뭐 이런 황당한 경우가 다 있나 싶다. 뭐 이런 잔인한 세상이 다 있나 싶다. 내가 뭘 잘못했길래 이런 굴욕을 당해야 하나? 견뎌야 한다고 하는데, 무심하게 받아들여야 한다고 하는데 나는 그게 쉽지 않다. 뭐든 오래 하면 잘하게 되는 법인데, 인생은 어째서 점점 더 어려워지는가?

팀장님을 팀장님이라고 부르는 일이
이렇게 불편한 일인지 정말 몰랐다.
팀장님으로부터 업무 지시를 받는 일이
이렇게 어색한 일인지 여태 몰랐다.
품의를 받고 업무 보고를 하는 일이
이렇게 자존심 상하는 일인지 미처 몰랐다.

끝내 울음이 터진다. 아무도 들을 수 없고 누구에게도 보일 수 없는 울음이 터지고 만다. 깃털처럼 가벼워져버린 나의 존재가 불쌍하고, 기약 없는 나의 미래가 안타까워 울지 않을 수 없다. 가슴 깊은 곳에서 들리지도 않고 보이지도 않는 울음이 하염없이 쏟아진다.

세상이 바뀐 건 아닐 게다. 세상이 바뀐 게 아니라, 살다 보니 내가 미처 몰랐던 낯선 세상을 만나게 된 거겠지. 산을 오르다 보니 자연스레 내리막을 만나게 된 거겠지.

오르막을 잘 오르는 법이 있듯이 내리막을 잘 내려가는 법도 있겠지. 오르막을 잘 오르는 법을 배우며 살았듯이, 내리막을 잘 내려가는 법도 배우며 살아야겠지. 그렇게 배워서 내리막을 잘 걷다 보면, 혹시 또 알아? 다시금 오르막을 만나게 될지도.

인사 평가

세상에서 가장 잔인한 일은 사람에 대한 평가가 아닐까 싶다. 연말 인사 평가 철에는 어깨동무하고 함께 일한 직원들을 한 줄로 세워야 한다. 깨물어서 안 아픈 손가락이 있을까? 다들 열심히 일했는데, 다들 스스로 잘했다고 생각하고 있을 텐데, 승자와 패자가 갈려야 한다. 내 손에 의해, 누군가는 승자가 되겠지만 누군가는 뒤처지는 패자가 되고 만다.

S나 A를 받는 직원은 좋긴 하겠지. B나 C를 받는 직원은 어떤 마음이 들까? 평생 고용을 보장해주지도 않을 거면서, 비전도 제시하지 못할 거면서, 왜 그들에게 배신감을 느끼게 하는가? 왜 충성스러운 그들이 회사를 떠날지 말지를 고민하게 하는가?

일 년 내내 가족처럼 서로 돕고 협력해야 한다고 말해왔는데, 인사 평가는 이런 나를 언행불일치의 모순덩어리로 만들어버린다.

회사를 너무
오래 다녀서 그래!

휴대폰에 만보계 앱을 설치했다.
건강해지기 위해
그리고 아프지 않기 위해
하루 만 보 이상을 걷기로 결심했다.

쉽지 않았지만,
하루하루 꾸역꾸역 만 보를 맞춘다.
어느 날부터 만보계를 들여다보는 게 습관이 되었다.
"오늘 몇 보 걸었지?"
"몇 보를 더 걸어야 하지?"

만 보!
구천 보도 아니고
만천 보도 아니고
왜 딱 맞게 만 보일까?

누가 만 보를 정했는지 모르지만

왜 꼭 만 보를 채워야 하는지도 모르지만
만 보를 넘기면 뿌듯하고
만 보를 못 넘기면 찜찜하다.

어느 날 잠자리에 들기 직전,
만보계를 들여다보았다.
"어라? 구천오백 보네."
목표 미달!
오백 보가 부족하다.

찜찜하다. 자연스럽게 휴대폰을 쥔 손의 손목이 반응한다.
위, 아래, 위, 아래, 위, 위, 아래, 아래.
숫자가 올라간다.
그렇게 휴대폰을 흔들며 만 보를 채웠다.
휴대폰을 내려놓고 드러누우며 문득 드는 생각!

'나 지금 뭐 하는 거지?'

왜 그런지 금세 알 수 있었다.

"회사를 너무 오래 다녀서 그래!"

두려워할 필요 없어
비겁해질 필요는 더더욱 없고

"안녕하세요? 선생님!" 콘퍼런스에 참가했는데 누군가 다가와 반갑게 인사를 건넨다. 본능적으로 반응을 했다. "아~ 네~ 오랜만이네요. 잘 지내시죠?" (속으로는) 누구더라? 누구더라? 아무리 기억을 소환해도 당최 그가 누군지 모르겠다. 미안한 마음이 몰려온다. 왠지 그의 표정이 좀 떨떠름해 보인다. 이내 곧 미안함은 두려움으로 바뀌고 마는데. 혹시 사람 이름도 기억하지 못하는 에티켓 없는 인간으로 소문나면 어떡하지?

콘퍼런스 핸드아웃에 참가자 명단이 있다는 사실이 떠올랐다. 그가 누구인지 알까 싶어 명단 속의 이름을 하나하나 짚어본다. 이렇게라도 해야지. 그의 이름을 찾아 문자메시지를 보낼 거야. "오늘 만나서 너무 반가웠어요. 잘 지내시죠? 다음에 따로 한번 만나요." 이렇게라도 해서 내가 그를 잘 기억하고 있고, 평소에 그에게 관심이 많은 사람임을 느끼게 해줘야지.

눈에 불을 켜고 이름을 뒤지다가 그만두기로 했다. 이게 뭐 하는 짓인가 싶어서. 단지 미안한 일일 뿐인데, 미안함은 이내 두려움으로 바뀌고, 두려움은 비겁함으로 바뀌고 만 것이다. 나이 탓일까? 나이가 들면 세상이 이렇게 두려워지는 걸까?

솔직해지자! 이름이 기억 안 날 수도 있는 것 아닌가? 다음에 또 이같은 일이 생긴다면, 솔직하게 말해야겠다. 이름이 기억나지 않는다고. 이름을 잘 기억할 수 있도록 한 번 더 말해달라고.

미안한 일에 두려워할 필요는 없어.
비겁해질 필요는 더더욱 없고.

따져봐야
별거 없다

내일 계획된 강의 일정과 장소를 확인하고자 담당자에게 전화를 했다. 그가 당황한 목소리로 이렇게 말한다. "강사님! 제가 한 달 전에 강의가 취소되었다고 말씀드렸는데요." 그런데 나는 전혀 그런 이야기를 들은 적이 없다. 황당한 일이 아닐 수 없다. 이런 일을 겪으면 예전의 나는 아마 "무슨 말씀이세요? 저는 그런 이야기를 들은 적이 없습니다. 여태 이런 사실을 안 알려주고 있으면 어떡합니까?"라고 말하며 박박 따졌을 것이다. 하지만 요즘의 나는 "아 그렇군요. 제가 깜빡한 것 같습니다. 잘 알겠습니다."라고 곧바로 수용해 버린다.

성깔 꽤나 있었던 내가 왜 이렇게 바뀌었을까? 언제부터 이렇게 됐을까? 처음에는 내가 약해져서 그런 줄 알았다. 내 기억력을 믿을 수 없어서 그런 줄 알았다. 하지만 곰곰이 생각해보니 약해져서도 아니고, 내 기억력을 믿지 못해서도 아니다. 그런 일로 따져봐야 실익이 없다는 세상사의 이치를 깨달았기 때문이다. 따져봐야 별거 없다. 내가 따지면 상대도 따진다. 내가 상대를 이기려 하면 상대도 나를 이기려 한다. 설사 따져서 뭘 얻어낼 수 있을지는 모르지만, 내가 옳다는 사실을 증명하여 승리감에 도취될지도 모르지만, 그래 봐야 종

합적으로는 마이너스다. 따지느라 소진해버린 기력과 상한 감정은
보상받을 길이 없다.

따질수록 적은 늘어나고, 따질수록 명이 짧아진다. 실익이 눈꼽만치
도 없다. 자잘한 일일수록 따지지 말고 그냥 내비두자. 누구도 아닌
나 자신을 위해 그냥 내비두자. 따지지 않는 것이 이기는 것이다.

워라밸

나는 워라밸을 잘 이해하지 못한다. 워크에 기울어진 삶을 살아서인지, 라이프를 특별히 의식하지 않아서인지는 몰라도 워라밸의 세계 속에서 나는 이방인에 가깝다.

워라밸이 세상의 중심에 들어오기 전까지, 나는 워크와 라이프를 따로 떼어 생각해 본 적이 없다. 나에게 워크는 라이프로 해석되며, 라이프는 곧 워크로 이해된다. 내 의식 속에서 워크와 라이프는 여전히 한 몸이다. 워라밸은 워크와 라이프 사이에 금을 그어 경계를 만든다. 워라밸에서 워크와 라이프는 결코 친구가 될 수 없다. 그간 워크에게 신세를 많이 지고 살아온 입장에서 사면초가의 위기에 처한 워크를 대변하고 싶다.

워크를 통해 비로소 나는 내가 어떤 사람인지 알 수 있었다. 워크를 통해 비로소 내게 제공된 세상의 기회를 엿볼 수 있었다. 워크를 통해 비로소 내가 좀 더 나은 사람이 될 수 있다는 믿음이 생겼다. 워크를 통해 비로소 내가 세상에 기여할 수 있는 사람이란 걸 깨달았다. 워크를 통해 비로소 내가 가끔은 아주 괜찮은 사람임을 체험할

수 있었다. 워크를 통해 비로소 내가 어떤 사람인지 세상에 보여줄
수 있었다. 워크를 통해 비로소 나는 가난과 궁핍으로부터 벗어날
수 있었다.

워라밸에 의하면, 앞으로 남은 내 인생에서 워크는 점점 줄어들 것
이고, 라이프는 점점 늘어날 것이다. 오십을 넘어서는 나이에 내가
가장 두려워하는 것이 있다. 그것은 나의 의지와 상관없이 워크가
인생에서 멀어지는 것이다. 워크가 나에게 작별을 고하는 상황이 벌
써 두렵다.

워라밸을 얘기하는 세상에서 나는 워크를 걱정한다. 워크가 아니었
더라면 나는 지금의 내가 아니었을 테니까. 워크가 떠난 나의 삶이
어떻게 바뀔지 알지 못하니까.

20××년 ○○○ 팀장!

악몽 같은 사람이 한 명 있다. 20××년 ○○○ 팀장!

그는 나의 팀장이었다. 당연히 지금은 그를 만나지 않는다. 앞으로 만날 일도 없다. 길 가다 우연히 그와 마주친다면, 아마도 그날은 똥 밟은 듯 재수 없고, 비 맞은 듯 종일 기분이 꿀꿀할 것이다.

그 시절 함께했던 OB멤버 모임이 있는데, 누가 한번 입에 올릴 법도 한데 여태 그런 일은 없다. 너무 후진 기억이어서 그 인간에 대해서는 언급 금지 조항이 암묵적으로 생긴 모양이다.

20××년은 암흑기였다. 내 몸에서 사리가 나온다면 그 시절에 형성된 것일 테다. 그의 얼굴만 봐도 표정이 굳어지고, 그의 말 한마디에 호흡곤란이 일어났으며, 그가 몸에서 뿜어대는 독기에 이러다 몸에 병이 생길 것만 같았다. 당시 내 머릿속은 그로부터 도망가고 싶다는 생각뿐이었다.

하늘이 도운 것일까? 그가 나보다 먼저 떠나주었다.

그는 과연 알았을까? 자기가 나를 괴롭히고 있었다는 사실을? 알았을 리 없다. 알고 그런 짓을 할 리가 없다.

알고 그랬다면 그는 사이코패스다.

그 후로 오랜 시간이 흘렀다. 나는 팀장이 되었다. 그와 같은 위치에 오르게 된 것이다. 나의 팀원들에게 나는 어떤 모습일까? 혹시 그 시절 그 팀장의 모습이 나에게 있지는 않을까?

20××년 팀장에게 시달렸던 내가,
20××년 팀장이 된 나를 가만히 바라본다.

다들 어디 간… 거야?

팀원의 행동에 문제가 있어 야단을 쳤다.
다른 팀원도 들으라고 더 크게 야단을 쳤다.

그런데 마음이 편치 않다.
야단맞은 그의 마음이 어떨까 생각해보았다.

가. 자신의 잘못된 행동에 대해 반성한다.
나. 야단친 나를 원망한다.
다. 회사 생활을 하다 보면 으레 있는 일로 치부한다.
라. 회사를 그만두거나 다른 데로 옮기고 싶은 마음을 갖는다.

이 가운데 정답은 어떤 것일까?
자신의 행동을 반성하고
자신의 잘못된 행동을 개선하는 기회로 삼으면 좋겠는데,
단순 계산을 해 봐도 불과 25% 확률이다.

후회가 몰려온다.

괜한 짓을 했나?

좀만 참을 걸 그랬나?

생각이 많아진다.

야단맞은 팀원이 뭐 하나 살짝 고개를 들어 살펴보았다.

자리에 없다.

어디 간 걸까?

안 보이니 왠지 더 불안하다.

그런데 사무실 분위기가 왜 이래?

다른 팀원들도 함께 자리에 없다.

다들 어디 간… 거야?

나만 두…고?

갑자기 귀가 가려워진다.

리더가 되면
외롭다

상무님한테 불려 가 실컷 깨졌다. 속상했다.

그런데 진짜 속상한 것은
상무님한테 실컷 깨진 일이 아니라,
실컷 깨지고 사무실에 돌아왔는데
다들 퇴근하고 아무도 없다는 사실이다.

"팀장님! 힘드시죠?"

이렇게 말하며 위로해주는 팀원이 있으면 참 좋겠다.
미처 퇴근 타이밍을 잡지 못한 굼뜬 팀원이라도 한 명 남아있으면
그나마 좋겠다.
이제 이런 걸 바라면 안 되는 세상이 된 거지?

외롭다.
한 잔 소주로
속상한 마음이나 달래야겠다.

어디 같이 술 마셔 줄 후배 없나?

또 그런다.
이런 걸 바라면 안 되는 세상이라니까.
미련을 버려.

퇴직하면
가장 먼저 생기는 일

20년 다니던 회사를 그만뒀다.

회사를 그만두자마자
충격적인 사건이 발생했다.

그것은…
월급날에 월급이 들어오지 않았다는 것이다.

회사를 그만뒀으니
당연히 월급이 들어오지 않는 건데,
몰랐던 것도 아닌데,
웬 호들갑?

근데 잘 한번 생각해봐!

인생에서 20년 동안
때 되면 일어났던 일이

어느 날 갑자기 사라진다면
어떤 느낌일 것 같아?

월급은 당연한 게 아냐.
월급은 회사에 다녀야 받을 수 있는 거야.

사표를 내다

회사에 사표를 냈다. 동료들이 몹시 의아한 눈으로 나를 바라본다. 말리는 사람이 너무 많아서 하마터면 못 떠날 뻔했다.

질문도 수없이 받았다. 도대체 왜 떠나는 거야? 뭐 믿는 거라도 있는 거야? 사업체 물려받아? 집에 돈이 많아? 설마 로또 맞은 건 아니겠지? 등등.

나이가 들수록 안정을 추구하는 경향이 있다. 생물학적으로 인간은 불안정을 싫어해서다. 본능적으로 늘 항상성을 유지하려고 하고, 변화를 삶의 위협으로 받아들인다. 또한 우리의 몸과 마음에도 노화가 일어난다. 뭔가 새로운 것을 시도하기에는 몸과 마음이 하루가 다르게 약해진다.

나는 안정을 추구하는 사람이다. 이런 내가 회사를 떠나는 이유는 무엇일까? 그것은 회사가 그 어떤 곳보다도 불안정한 곳이라는 사실을 이미 오래전에 깨달았기 때문이다. 회사는 떠날 수밖에 없는 곳이다. 그리고 이 사실을 누구나 다 안다. 이만큼 불안정한 세상이 어디 있단 말인가? 회사를 오래 다니다 보니, 회사가 가장 안정된 곳이라는 착각이 생긴 것이다.

나는 안정을 추구하는 사람이다. 안정을 추구하는 인간의 본능에 충실하여, 불안정한 세상에서 보다 안정적인 세상으로 자리를 옮긴 것뿐이다.

면보직

회사를 오래 다니다 보면 별일이 다 생긴다.

가장 충격적인 일 중 하나는 아마도 면보직일 것이다.

팀장을 하다가 팀원으로 내려와야 하는 현실.

리더였다가 리더가 아닌 신세가 된다.

밑에 있던 팀원이 자신의 팀장이 되는 경우도 있다.

당해보지 않으면 그 고통을 모른다.

면보직을 당했을 때 무엇보다 중요한 것은

배신감이나 자책으로부터 벗어나는 것이다.

원망해봐야 후회해봐야

소주만 늘고 제명에 못 산다.

나이가 들고 연차가 높아지면

누구나 만나는 현실로 받아들여야 한다.

스스로를 충분히 위로하고 보살피며

다음 중 마음에 드는 행보를 시간을 갖고 선택하면 된다.

일. 기회를 봐서 회사를 옮긴다.

이. 속 편하게 개인 사업을 준비한다.

삼. 마음을 비우고 팀원으로 가늘고 길게 간다.

사. 특정 분야의 내공을 쌓아 전문가로 성장한다.

다음의 행보는 금기다.

일. 후배 팀장에게 몽니를 부린다.

이. 팀 내에 자기 세력을 키운다.

삼. 실무에서 손을 떼고 자포자기 상태가 된다.

사. 후배들로부터 계속 대우받으려고 한다.

임원

회사에서 임원 교육 과정을 준비하다가
동료들과 함께
임원의 정의에 대해 브레인스토밍을 해 보았다.

"임원이란 무엇인가?"

임시 직원
입으로만 일하는 사람
자기가 무슨 말을 하는지 잘 모르는 사람
했던 말을 자꾸 바꾸는 사람
빨간펜 선생님
시니컬한 사람
불편한 사람
스스로 할 줄 아는 것이 없는 사람
가장 전망 좋은 넓은 방을 쓰는 사람
자기 방에 갇혀서 현장을 가장 모르는 사람
자기 돈으로는 절대 밥 안 사 먹는 사람

...

자꾸 이상한 이야기만 나와서
정색하고 다시 물어보았다.

"이런 것 말고 다른 건 없어?"

조직이 나아갈 방향을 제시하는 사람
구성원을 동기부여하여 일을 더 잘하게 하는 사람
조직 내 존재하는 다양한 이슈를 조정해주는 사람
조직의 에너지를 한 방향으로 모아주는 사람
...

가만 듣다 보니
처음 나왔던 내용들이 훨씬 더 피부에 와닿는다.

요즘 직원들은
임원에 대한 기대가 별로 없다.

오로지 바라는 것 하나!
일할 때 방해나 하지 말았으면…

주 52시간 시대

바야흐로 '주 52시간의 시대'다. 조직 사회에서 이는 혁명과도 같은 변화다. 과거에는 밤늦게까지 일하고, 심지어 휴일에도 출근해 일하는 게 미덕이었고, 회사에서 인정받는 길이었다.

'주 52시간의 시대'에서는 옛날처럼 일하면 법에 저촉된다. 과거의 바람직한 삶의 방식이 불법이 되고 만 것이다. '주 52시간'이 되면 조직의 경쟁력이 떨어지고, 나아가 국가 경쟁력에도 문제가 생길 수 있다고 말하는 사람들도 있다. 회사 생활을 오래 해 본 사람으로서 나는 그따위 걱정은 하지 않는다. 인간은 기계가 아니어서 하루 8시간 이상 일하면 반드시 뒤탈이 난다.

차라리 잘됐다. 이렇게 강제적으로라도 해야 조직을 꽉 채우고 있던 쓰레기 같은 일들이 없어진다. 이렇게 강제적으로라도 해야 사람 귀한 줄 알고 사람을 제대로 쓴다. 이렇게 강제적으로라도 해야 한정 자원인 시간을 낭비하지 않고 보다 생산적으로 사용하는 법을 배우게 된다.

내가 진정 바라는 것은, 우리 조직 사회가 한정 자원인 시간에 목매는 구조가 아니라, 무한 자원인 인간의 두뇌 활용을 극대화하는 구조로 일하는 문화와 환경이 바뀌는 것이다.

'주 52시간'이 10년쯤 지나서 〈신비한 TV 서프라이즈〉의 에피소드로나 사용되었으면 좋겠다.

내가 자주 다니는
카페 이야기

내가 자주 다니는 카페가 있다. 외지고 한적한 곳에 있는 이 카페는 늘 여유가 넘친다. 혼자 와서 따뜻한 커피 한 잔 시켜놓고 멍때리기도 좋고, 밀린 일도 처리하기 좋고, 책을 읽기도 좋고, 복잡한 머릿속 생각을 정리하기도 좋다. 한마디로 이만한 곳이 없다.

자주 오다 보니 카페 주인과도 친해졌다. 카페 문을 열고 들어서면 주문도 받기 전에 내 취향의 커피를 내리고 있을 정도다. 장시간 머물러도 눈치 주는 일이 없고, 커피가 떨어지면 알아서 리필해주고, 서비스라며 이것저것 먹어보라고 막 가져다준다. 창가의 넓은 자리는 늘 나를 위해 비워져 있다. 혼자서 넓은 자리를 차지한다고 뭐라 하지도 않는다. 사람도 편하고, 공간도 편하니 마치 개인 사무실과 같아 한때는 매일 출근하다시피 했다.

어느 날이었다. 카페 주인이 조심스레 대화를 청한다. 그리고 절박한 표정으로 질문을 한다.

"혹시 저희 가게가 잘 안되는 이유가 뭘까요? 저희 가게가 좀 잘되려면 어떻게 하면 좋을까요?"

뭐라도 도움 되는 말을 해주고 싶었다. 하지만 마땅히 할 말이 떠오르지 않았다. 더군다나 할 말이 떠오른다 한들 나는 그런 말을 할 자격이 없는 사람이었다. 따져 보니 내가 그곳에서 누렸던 모든 호사는 그곳이 장사가 안되는 곳이어서 가능한 것들이었다. 결과적으로 누군가의 벼랑 끝 현실이 나의 안락함으로 이어졌고, 나는 그것을 염치없게 한껏 누리고 있었던 것이다. 혹시 나는 그곳이 계속 장사가 안되기를 바라고 있었던 건 아닐까?

꼭 좀 부탁한다는 그의 떨리는 목소리가 뇌리에서 떠나질 않았다. 그 후 한동안 그 카페를 가지 않았다. 아니, 가지 못했다. 많이 미안해서 가는 것이 망설여졌다. 얼마 후, 그곳이 궁금해서 퇴근길에 잠깐 들러보았다. '폐업'이라는 안타까운 손글씨가 입구에 걸려 있었다.

북극성

북극성은 대장 별이다. 모든 별은 북극성을 중심으로 돈다. 그렇기에 밤하늘에서 가장 중요한 위치의 별을 찾는다면 단연 북극성일 것이다.

그런데 묘한 일이다. 어디 가지 않고 항상 제자리에만 있는 북극성! 그것의 위치를 아는 사람들이 많지 않다는 것이다. 심지어 북극성의 존재에 관심조차 없어 보일 정도로 말이다. 대기오염이 심해서 별이 잘 보이지 않는 이유도 있지만, 보인다 한들 북극성부터 찾으려는 사람은 별로 없다. 왜 그럴까? 사람들은 왜 대장 별인 북극성이 어디 있는지 알지 못할까? 왜 그것에 관심조차 보이지 않는 걸까? 그 이유는 북극성은 빛이 약한 별이기 때문이다.

대장 별이니까 가장 빛나는 별일 것 같지만, 실제 북극성은 빛이 약한 별에 속한다. 그래서 밤하늘에서 북극성을 찾으려면 어둑어둑한 북극성만으로는 곤란하다. 북극성 주변에 눈에 잘 띄는 별자리를 이용해야 한다. 북두칠성과 카시오페아가 그것이다. 두 별자리 사이에 존재감 없는 희미한 별 하나를 보면서 '저게 북극성인가?' 하는 긴가

민가하는 느낌으로 찾는 별이 북극성이다.

한번 생각해보자. 대장 별인 북극성이 반짝반짝 가장 빛나는 별이었다면 어떠했을까? 아마도 오늘날 그토록 수많은 별자리에 대한 신화 같은 이야기들이 생겨나지 않았을 것이다. 사람들이 북극성만 쳐다보고 살았을 것이기 때문이다. 북극성이 대장 별임에도 불구하고 빛이 약한 별이다 보니, 북극성을 찾기 위해 주변 별자리에 대한 관심도 갖게 되고 이런저런 사람들의 삶의 사연이 투사되어 별들은 그토록 깊고 풍부한 이야깃거리를 갖게 되었을 것이다.

북극성은 자신의 빛의 밝기를 낮추어 주변 별들을 빛나게 하는 리더십을 발휘한다.

모든 별이 북극성을 중심으로 돌아서가 아니라
북극성으로 인해 모든 별이 빛날 수 있기에
북극성은 진정 대장 별임에 틀림없다.

대기업 퇴직하고 사업하면
망하는 세 가지 이유

대기업에서 20년의 직장생활을 마치고 퇴직 후 개인 사업을 하고 있다. 사업을 해 보니 대기업에서 오래 일했던 사람들이 왜 사업을 하면 하나같이 망하는지 잘 알게 되었다. 크게 다음의 세 가지 이유다.

첫째, 내세울 만한 실력이 없다. 대기업에 다녔으니 스스로 많이 안다고 생각한다. 하지만 이는 완전한 착각이다. 대기업에서 하는 일은 사실 관리 차원의 일들이 많고 실제 몸으로 부딪쳐 하는 일은 생각보다 많지 않다. 밖에 나오면 처음부터 끝까지 몽땅 다 실무다. 혼자서 직접 뛰어다니며 모든 실무를 다 처리할 수 있어야 한다. 사람 쓰면 되겠지 하는 생각을 가질 수도 있는데 매우 안일하고 위험한 생각이다. 사람 써서 사업하겠다는 것은 아주 빠른 속도로 망하겠다는 것과 같은 말이다.

둘째, 세상 물정을 너무 모른다. 대기업에서 나름 산전수전 다 겪었다고 자부할 것이다. 하지만 이 역시 완전한 착각이다. 당신은 세상을 모른다. 바깥세상은 일단 당신이 아는 세상이 아니며, 온실 안에서 보는 것만큼 당신에게 절대 우호적이지 않다. 다들 죽기 아니면 살기로 목숨 걸고 일한다. 온실 안 화초가 사계절 잡초를 당할 수 있겠는가? 잘못하면 딱 호구되기 십상이다. 당신의 퇴직금을 노리는 사람들이 천지에 깔려있다.

마지막으로 '을의 태도'가 결여되어 있다. 대기업에서 일한다는 것은 대체로 갑의 위치에 있다는 말이다. 자신도 모르게 무심코 행하는 갑질이 의외로 많다. 특히 대기업 생활을 오래 했거나 고위직까지 올랐던 사람들은 더더욱 조심해야 한다. 오랫동안 갑의 태도가 몸에 배어버려 대오각성하지 않는 한 이를 몸에서 떨쳐내기 어렵다. 솔직히 회사에서 임원을 하다가 사업해서 성공한 사람을 별로 본 적이 없다. 당신의 눈빛, 말투, 행동을 제삼자 관점에서 바라보라. 아니, 주변 사람들에게 물어보라. 당신은 아니라고 할지 모르지만 슈퍼갑의 분위기를 뿜어대고 있을 가능성이 높다.

나는 대기업을 먼저 떠난 사람의 입장에서 회사를 떠나 사업을 하려는 후배가 있다면 일단 말리고 볼 것이다. 준비 없이 나오는 것은 패기가 아니라 객기다. 자신이 얼마나 잘 준비되어 있는지 면밀히 살펴야 한다. 외부 세계에서 먹히는 실력을 가지고 있어야 하고, 세상이 어떤 논리로 돌아가는지도 알아야 하고, 자신보다 어린 사람들에게도 엎드려 절할 수 있는 을의 태도가 몸에 배어 있어야 한다.

후배에게 먼저
연락하지 않을 것이다

예전 직장 상사에게 전화가 왔다. 뭔가를 부탁한다. 곰곰이 생각해 보았다. 그가 과연 나에게 부탁할 자격이 있는 사람인지.

그는 아마도 모르는 모양이다. 과거 그가 나를 어떤 식으로 대했는지. 그는 진짜로 모르는 모양이다. 그로 인해 내가 얼마나 힘들었는지.

그의 부탁을 들어주었다. 결과적으로 괜한 짓을 한 셈이다. 나를 대하는 그의 태도는 하나도 달라진 것이 없다. 만나는 내내 예전 힘들었던 경험이 다시 떠올라 얼마나 마음이 불편했는지 모른다.

그를 만난 후 결심한 것이 한 가지 있다. 후배들에게 앞으로 먼저 연락하지 않기로. 명절 때 안부를 묻는 카톡 문자 하나도 보내지 않기로. 그들이 나를 어떻게 생각하는지 알 수 없기 때문이다.

나는 다정하게 대했다고 생각할 수 있지만, 나만의 착각일 수도 있지 않은가? 혹시나 내가 그들에게 껄끄럽거나 불편한 사람이었다면, 굳이 연락해서 잊고 있었던 나쁜 기억을 상기시킬 이유가 없다.

낯짝 두꺼운 뻔뻔한 사람이 될 이유는 더더욱 없다.

혹시 나에게 먼저 연락해주는 후배가 있다면, 두 배로 기분이 좋을 것이다. 추억을 공유할 수 있어 좋을 것이고, 내가 그리 나쁜 사람이 아니었음을 확인할 수 있는 셈이니 한결 마음이 놓일 것이다.

일이 없는 휴가는
실업이다

맘먹고 한 달가량 휴가를 낸다.

좀 무리가 있지만 이때 아니면 언제 이런 걸 해 보나 싶어

명절, 연차, 휴가, 장기근속휴가 등을 모두 붙여 한 달을 완성한다.

처음 한 주는 이보다 좋을 순 없다.

이런 기분과 분위기면 일 년도 놀 수 있을 것 같다.

말 그대로 나는 자유를 만끽한다.

둘째 주에는 여기저기 다니느라 슬슬 피로감이 느껴진다.

가족과도 서로 의견이 달라 갈등이 생긴다.

좋은 걸 보겠다고 여기저기 다니긴 하는데 별 감흥이 느껴지지 않는다.

심지어 돈만 쓰고 고생만 하는 일도 있다.

오로지 나만을 위한 즐거움은 이 세상에 존재하지 않은 듯하다.

셋째 주에는 노는 것에 지치기 시작한다.

시간도 잘 안 가는 듯하다.

뭐 하며 놀아야 할지 고민이 된다.
일도 아니고 노는 것을 고민해야 하다니.

넷째 주를 맞으니 내가 뭐 하던 사람인가를 생각하게 된다.
갑자기 회사 일이 궁금해진다.
아무래도 노는 게 체질이 아닌가 보다.
도통 이해가 안 되는 말이지만,
회사 갈 생각에 마음속에 작은 설렘도 느껴진다.

일이 존재하기에 휴가가 존재한다.
휴가가 좋은 이유는 일을 떠날 수 있어서가 아니라
일이 등 뒤에서 든든히 버티고 있어서다.

누구나 일에서 벗어나는 휴가를 꿈꾼다.
하지만 일이 없는 휴가는 휴가라고 하지 않는다.
그것은 실업이라 부른다.

해치우는 사람 vs 해내는 사람

일하는 모습을 보면 사람을 알 수 있다. 일할 때 그를 잠시 관찰해보거나 말을 들어보면 그가 어떤 타입의 사람인지 곧바로 파악할 수 있다. 일터에서 만나는 두 가지 타입의 사람이 있다. 하나는 '잔머리를 쓰는 사람'이고, 다른 하나는 '정성을 다하는 사람'이다.

잔머리를 쓰는 사람에게 중요한 것은, 일을 끝내버리는 것이다. 일을 해치우는 것이다. 일의 결과는 중요하지 않다. 일에 투입하는 시간과 노력을 덜 들이는 것이 중요하다. 그래서 일의 결과는 항상 그저 그런 수준이다. 안 한 건 아니지만 그렇다고 마음에 드는 수준도 아니다.

정성을 다하는 사람에게 중요한 것은, 일을 마음에 드는 수준으로 해내는 것이다. 그렇기에 그는 가슴 뛰는 목표를 마음속에 그려 놓고 일을 시작한다. 그리고 그것을 이루기 위해 사용할 수 있는 모든 시간과 노력을 쏟아붓는다. 그는 종종 주변의 조롱을 받는다. "그래봐야 소용없어! 무슨 영화를 보겠다고." 하지만 미련한 건지, 둔한 건지, 답답한 건지 마음속 원하는 그림이 나올 때까지 계속 일한다.

잔머리를 쓰며 일하는 사람은 해치워버린 줄 알았던 일에 발목을 붙잡혀버린다. 해낸 일이 없기에 커리어는 보잘것없어지고, 보잘것 없는 커리어로 인해 더 이상의 기회를 갖지 못하는 악순환의 함정에 빠져버린다. 스스로의 한계를 만난 적도 없고, 그 한계를 극복하기 위한 노력 또한 해 본 적이 없기에. 스스로 만든 좁디좁은 가두리 안에 평생 갇혀 살아가게 된다.

마음을 쓰며 일하는 사람은 단기적으로는 고지식하고 세상 물정 모르는 사람처럼 보인다. 하지만 시간이 갈수록 해낸 일들로 인해 화려하게 빛나는 커리어를 갖게 된다. 일의 목표 수준에 맞춰 스스로의 한계를 계속 끌어올리는 과정을 되풀이하면서, 그가 이룬 일의 결과와 스스로가 같아지기 때문이다.

인간은 이제 오래 산다.
잔머리는 일시적이고 정성은 영원하다.
일을 해치우는 사람이 될 것인가?
아니면 일을 해내는 사람이 될 것인가.

여보, 나 임원 승진했어!
이제부터 돈 아껴 써!

대기업에서 임원으로 승진한 사람이 있었다. 그는 한 회사에서 오랫동안 일해 왔고 임원이 되는 것을 꿈꿔왔다. 마침내 그의 소원은 이루어져 임원으로 승진하게 되었다. 승진 발표 직후 그는 가장 먼저 아내에게 전화를 걸었다. 그리고 떨리는 목소리로 그가 했던 첫마디!

"여보, 나 임원 승진했어! 이제부터 돈 아껴 써!"

승진은 인정의 가장 대표적인 표상이다. 승진했다는 것은 조직에서 자신이 매우 안전한 상태라는 것을 증명한다. 단, 승진 직전까지에 한해서 말이다. 유감스럽게도 승진 이후는 전혀 아니다. 아니, 가장 불안하고 위험해진 상태로 들어선 것이다. 오르고 또 올라갔더니 결국 이르게 된 곳이 벼랑 끝이다. 발을 살짝 헛디디면 추락한다. 승진하고 나서 직업 세계에서 명이 짧아지는 것을 한두 번 목격한 것이 아니다. 승진하는 순간부터 더 큰 역할을 부여받고, 주변의 더 큰 기대를 받게 될 것이기 때문이다. 더구나 프로 스포츠 선수처럼 장기 계약에 대박 연봉을 보장받은 것도 아니지 않은가?

직업 세계에서 승진은 중요하지만 그것이 결코 전부가 될 순 없다. 세상에서 가장 위험한 것은 실력이 뒷받침되지 못한 권세라는 말이 있다. 실력 없이 승진이 되었다면 위태롭기 짝이 없는 것이고, 실력이 있음에도 불구하고 승진하지 못했다면 반드시 다음에 기회가 올 것이니 너무 속상해하거나 조바심을 가질 필요가 없다.

승진보다 훨씬 중요한 것이 있다. 불안하고 위태로운 승진과는 반대로 이것은 가장 안전하고 확실하게 보장된 길이다. 그것은 바로 자신이 손안에 쥔 무기다. 즉, 언제든지 자신의 의지에 따라 마음껏 휘두를 수 있는 실력이다.

승진했다고 으스대지 말고, 승진 못 했다고 좌절하지 말라. 실력이 있다면 승진 따위는 신경 쓰지 않아도 된다. 실력이 없다면 다른 생각은 아무것도 하지 말고, 오로지 실력을 키우는 데만 정진하라. 세상에 오로지 믿을 수 있는 건 나 자신밖에 없다.

시키는 대로 vs 내키는 대로

두 가지의 의사결정 유형이 있다.
하나는 권위에 의존하는 유형이고,
다른 하나는 자신의 믿음을 따르는 유형이다.

권위에 의존하는 유형은
자신보다 많이 알거나 사회적 지위가 높은 사람의 생각을 따른다.
권위 있는 누군가가 '시키는 대로' 움직인다.

자신의 믿음을 따르는 유형은
주변에서 어떻게 생각하든 말든
말 그대로 자신의 마음이 '내키는 대로' 움직인다.

그런데 시키는 대로만 하기에는
아는 것이 있고,
내키는 대로 하기에는
모르는 것이 많다는 게 문제다.

중요한 것은 나의 유형이 아니라 나의 지적 상태다.
잘 모르면 주변에서 시키는 대로 하면 되고,
잘 알면 주변을 설득하여 내키는 대로 하면 된다.

의사 결정을 하기 전에
내가 잘 아는지, 모르는지
그것을 우선 알아야 한다.

'쌍욕' 다음으로
나쁜 말은?

상대의 말을 듣고 싶지 않을 때가 있다. 이때 사용할 수 있는 아주 효율적인 말 한마디가 있다.

"됐고!"

짧고 굵어서 매우 강렬하다. 이 말을 듣고도 말을 계속하는 사람이 있다면 언성을 살짝 높여 다시 한번 말해주면 된다.

"됐다니까!"

사실 당신은 생활 속에서 이 말을 자주 사용하고 있을지도 모른다. 워낙 임팩트가 강한 표현이라서 듣는 사람은 이 말을 아주 잘 기억한다. 하지만 정작 말하는 사람은 자신이 이런 말을 쓰고 있다는 사실조차 모르는 경우가 많다.

이 말을 자주 사용하고 있다면 당신은 당신이 속한 사회에서 꽤나 강한 파워의 소유자일 가능성이 높다. 혹시 파워가 없는 상황에서도 이 말을 빈번하게 사용하고 있다면, 당신은 분명 '또라이'라는 닉네임으로 불리고 있을 것이다.

"됐고!" 정말 위험천만한 말이다. 순서를 정한다면 쌍욕 다음이다. 아니 쌍욕보다 더 나쁘다. 세상에 존재할 수 있는 새로운 가능성을 흔적 없이 날려버리는 중성자탄과 같다. 머릿속 파릇파릇한 새싹들을 누렇게 말려 죽이는 독성 강한 제초제와 같다.

내 입에서 떠나간 모든 말은 세상을 돌고 돌아 결국 나에게 돌아온다. 힘이 있을 때 내가 자주 하는 말은 힘이 없을 때 내가 자주 듣는 말이 된다.

"됐고!"라는 말에 "됐다."라고 말해주자.

우물 안 개구리,
조직 속 올챙이

조직에서 오랫동안 살아왔다. 가슴속 목표 한 가지를 품은 채 조직에서 오랫동안 살아왔다. 위만 보고 살았다. 사다리 생태계에서 생존하려면 무조건 위로 올라가야 했다. 그것도 남들보다 빨리 올라가는 것이 중요했다. 그 결과로 늘 뭔가에 쫓기듯 노심초사했고, 누군가의 눈치를 끊임없이 살펴야 했으며, 심지어 동고동락하는 동료들을 걸림돌로 생각하는 경우가 많았다.

그런데 이상하다. 위로 올라가면 마냥 좋을 줄로만 알았는데, 오를수록 사다리가 좁아지고 불편해진다. 가뜩이나 좁고 불편해서 힘들어 죽겠는데 아래에서는 눈치도 없이 자꾸만 올라온다. 자리가 없는 줄 뻔히 알면서도, 내가 위태롭게 버티고 있는 줄 알면서도 무심하고 잔인하게 꾸역꾸역 올라온다. 버티고 버티다가 더 이상 버틸 수 없어 내려온다. 아니 사다리에서 밀려 떨어지고 만다. 오랜 세월 쌓아온 공든 탑이 일순간에 와르르 무너지고 만다.

묘하다. 더 이상 위를 볼 수 없게 되니, 그간 알지 못했던 새로운 세상이 펼쳐진다. 위로 오르는 길이 유일한 길인 줄 알았는데 내려와

보니 그간 내가 간과했던 수많은 길들이 사방팔방으로 뻗어있다. 좁디좁은 불편한 구석에서 죽네 사네 이전투구 했던 과거 나의 모습들이 어찌나 부질없고 한심해 보이는지. 사소한 일에 목숨 걸었던 일이 너무 많았다.

우물 안 개구리였다. 아니, 이 말로는 부족하다. 우물 안에 있든 우물 밖에 있든, 개구리는 항상 개구리 구실을 하지만, 사다리에서 밀려 떨어지면 제구실을 못 하는 경우가 많으니 말이다. 우물 안 개구리라 할 게 아니라 조직 속 올챙이라고 비유하는 게 더 맞지 않을까?

좀 더 일찍 알았다면 좋았을 걸. 사다리를 오르지 않아도 된다는 사실을 좀 더 일찍 깨달았다면 좋았을 텐데. 그럼, 결국 떨어질 운명의 사다리를 아등바등 오르려 애쓰지 않았을 테니까. 사다리를 오르려는 힘으로 다른 걸 했더라면 지금쯤 훨씬 귀한 것을 얻을 수 있었을 텐데.

걔가 임원이 됐다고?

연말 인사 철, 지인들과 대화를 나누다 보면 으레 빠지지 않고 나오는 한 가지 메시지가 있다.

"걔가 임원이 됐다고?"

짧은 한마디에 불과하지만 이 말 속엔 생각보다 복잡한 마음이 담겨 있다. '그 찌질이가 어떻게 별을 달게 됐지?' '그동안 나는 뭐 한 거지?' 황당하고 애통한 마음이 뒤섞인다.

미래는 알 수 없는 것이다. 특히 사람의 미래를 누가 점칠 수 있겠는가? 하지만 세상살이를 오래 하다 보니 미래를 결정짓는, 특히 차이를 만드는 한 가지는 분명히 있다는 사실을 부인하지는 못하겠다. 그것은 '작고 사소한 행동'이다. 일상생활 속에서 한 개인이 선택하는 작고 사소한 행동! 너무나 작은 나머지 눈에 띄지도 않고, 그따 것으로 뭔가가 바뀔 거라는 기대도 없다. 하지만 작고 사소한 행동일지라도 어디 가지도 않고 사라지지도 않는다. 눈에 보이지 않는 인생 사관에 의해 꼬박꼬박 기록될 것이고, 복리의 마법처럼 차곡차곡 축적과 누적을 반복하며 사이즈를 키워나갈 것이다.

'그 찌질이가 어떻게 임원이 됐지?' 하는 황당한 마음이 든다면
그의 작고 사소한 긍정적인 행동을 간과한 것이고,
'나는 그동안 뭐 한 거지?' 하는 애통한 마음이 든다면
나의 작고 사소한 부정적 행동을 오랫동안 무시하고 살았던 결과라
고 보면 된다.

내 밑에서 일하는 친구야!

내가 처음 회사 생활을 시작했을 때, 새롭게 듣게 된 말이 떠오른다.

"내 밑에서 일하는 친구야!"

주니어 시절 나의 부장님은 늘 나를 주변에 이렇게 소개했다. 많이 이상하게 들렸다. '내가 자기 밑에서 일한다고?' 왠지 모를 자괴감이 밀려왔다. 내 머릿속에서는 이런 뜻으로 해석되었기 때문이다. 내가 어디 오갈 데 없는 사람인데 그분이 은혜롭게 거둬준 느낌. 그분의 은덕으로 밥이라도 겨우 먹고 사는 듯한 느낌. 이 말이 성립하려면 나는 그분에 대해 누군가에게 말할 때 이렇게 말할 수 있어야 한다.

"그분은 내가 모시는 분이야!"

하지만 나는 부장님을 그런 식으로 표현해 본 적이 없다. 대신 이렇게 표현했던 기억은 있다.

"말도 꺼내지 마! 재수 없으니까."

세월이 흘러 이제는 입장이 바뀌었다. 이제 나는 소개받는 대신 누군 가를 소개해야 하는 일이 많아졌다. 말조심을 해야 한다. "내 밑에서 일하는 친구야!" 내 머릿속에 오랫동안 강렬하게 주사된 이 말이 먼 저 떠오르는 것을 경계해야 한다. 욕하면서 배운다고 하지 않는가?

나에게는 이제 새로운 표현이 필요하다. 그런데 유감스럽게도 누군 가로부터 그것을 배운 적이 없다. 그래서 이제 내가 직접 만들어야 한다. 뭐라고 하면 좋을까?

쉰 살의 직장인

쉰 살이 되었다. 서른 살도 아니고, 마흔 살도 아니고, 어쩌다 쉰 살이 되고 말았다. 특별히 잘못한 것도 없는데 쉰 살을 왠지 못마땅해하는 듯한 직장이라는 곳에서 쉰 살을 만나고 말았다.

쉰 살은 황당한 나이다.
집에 간 선배들 이야기인 줄로만 알았기에.
쉰 살은 서글픈 나이다.
내가 집에 갈 날이 머지않았음을 잘 알기에.
그리고 쉰 살은 처량한 나이다.
집에 갈 날이 머지않았는데 주머니 속에 가진 게 없으니.

쉰 살은 왜 하필 이름이 쉰 살일까?
쉬어서 상한 음식과 같은 나이여서일까?
아니면 그냥 쉬어야 하는 나이여서일까?
혹시 쉰 살을 쉰 살이라고 부르니 쉰 살에서 더욱 쉰내가 나는 건 아닐까?

서른 살이 되어 내가 뭘 해야 할지 잘 모를 때, 주변엔 그걸 알려준 사람들이 많았다.

마흔 살이 되어 나는 뭘 해야 할지 잘 알고 있었고, 주변 사람들과 그걸 함께 해낼 수 있었다.

그런데 쉰 살이 되고 나니, 뭘 해야 한다고 말해주는 사람도 없고, 뭘 같이 하자는 사람도 없고, 스스로도 뭘 해야 할지 알지 못한다.

뭘 해야 하지? 설사 뭘 해야 할지 안다 한들 과연 나에게 그것을 잘 해낼 힘과 용기가 남아 있는지 나는 정말 모르겠다.

하늘이시여! 제가 뭘 해야 할지 알려주세요. 제가 뭘 하고자 할 때 그것을 감당할 힘과 용기를 주세요. 순간 벼락처럼 번쩍하며 떠오르는 두 글자! 혹시 하늘이 내린 계시일까?

존버!

뭘 해야 할지 모르는 내가 오로지 할 수 있는 건 존버! 존버 외에는 답이 없다. 쉰 살에 어울리지 않는 곳에서 쉰 살에는 있어서 안 될 것 같은 곳에서 나는 오늘도 존버의 철학으로 하루하루 살아간다.

희망퇴직

회사에서 희망퇴직을 신청받는다. 희망퇴직이 뜰 때마다 기분이 언짢다. 다들 나만 쳐다보는 것 같아서. 다들 나를 두고 수군거리는 것 같아서.

희망퇴직은 희망이 느껴지는 사람이 신청해야 한다. 그래서 희망퇴직이라고 이름 지은 거잖아? 그래서 하는 말인데, 솔직히 나는 희망퇴직에서 희망이 느껴지지 않아! 희망은커녕 절망감이 느껴진다고. 그래서 하는 말인데, 나는 아직 희망퇴직을 할 수 없어. 자격 자체가 없는 사람이야. 희망이 전혀 느껴지지 않기 때문에.

뭐? 명예롭게 나가달라고? 그래서 명예퇴직이라고도 한다고? 참나, 뭔가 오해가 있었구나. 나한테 무슨 명예가 있다고 그래? 나는 명예가 없어! 진짜 그런 거 하나도 없어! 과거에도 없었고, 현재에도 없고, 앞으로도 없을 예정이야. 명예는 나 같은 사람에게 어울리는 소리가 아냐. 나는 명예를 따질 만큼 폼나게 살지 않았다고. 나한테 그런 소리 하는 거 아냐.

솔직하게 말할게. 내가 큰 거 바라는 거 아니잖아! 아주 소박해!

내가 희망퇴직에서 희망이 느껴지고 좀 더 준비가 될 때까지만 기다려달라는 거야.

아니, 우리 애기들 다 클 때까지만 좀만 더 너그럽게 기다려달라는 거야. 그때가 되면 내가 알아서 나갈게.

마지막으로 할 얘기가 있어.

잘.할.게.

진심이야.

내가 그동안 해왔던 것만큼

잘.할.게.

회사라는 곳은?

회사는 결국 떠날 수밖에 없는 곳이다.
내 것이 아니고
내 것이 될 수 없기에
회사는 결국 떠날 수밖에 없는 운명이다.

회사를 떠나는 시점은
아이러니하게도 회사에 가장 익숙해지는 시점이다.
따져 보면 오래 다녀서 가장 익숙해진 마지막 날에
회사와 이별하게 된다.

너무 익숙해진 나머지 내 집 같은 편안함이 느껴질 때
회사는 반대로 나에게 불편함을 느끼는 모양이다.
너무 편한 나머지 정붙이고 평생 있고 싶은데
회사는 내가 스토커라도 되는 듯 나를 부담스러워한다.

내 것이 아닌 회사에서
마치 내 것처럼 계속 머물 수 있는 방법이 하나 있다.

그것은 회사에서 내가 불편해지는 것이다.

내가 익숙해질수록 떠날 가능성이 높아지니
익숙함을 과감히 버리는 것이다.
불편한 사람을 자주 만나고
불편한 일을 찾아 열심히 수행하면 된다.

내가 회사에서 편해질수록
회사는 나에게 불편함을 느낄 것이며
내가 회사에서 불편해질수록
회사는 나에게 편안함을 느낄 것이다.

너 그러다
팀장 된다

요즘 직원들 사이에 유행하는 말이 있다고 한다.
회사에서 열심히 일하는 동료를 보면
조용히 다가가 귓속말로 이렇게 말해준다고 한다.

"너 그러다 팀장 된다."

황당한 말이 아닐 수 없다.
세상이 변해도 이리 변할 수 있을까?

팀장이 된다는 것은 매우 좋은 일이었다.
사회에서 인정받는 일이었기 때문이다.
충분히 축하받을 일이었고
부러움의 대상이 되는 일이었고
스스로 자부심을 느껴도 좋을 일이었다.

요즘 세대에게는 팀장의 자리가 인기가 없나 보다.
팀장을 시키면 회사 그만두겠다고

으름장 놓는 직원들도 많다고 한다.

책임이 큰 자리에 굳이 오르고 싶지 않아서라고 한다.

팀장 자리보다 삶에서 더 중요한 게 많아서라고 한다.

어디 가서 내세울 거라고는 팀장 자리 하나뿐인 나의 모습이

무색해진다.

의문의 1패가 이런 느낌이구나.

모두가 다 그러진 않겠지.

팀장이 되고 싶어 하고,

팀장이 되어 더 큰일을 해 보고 싶어 하는 사람들도 많겠지.

그런데 나 역시도 어쩔 수 없는 모양이다.

솔직히 힘든 팀장보다는

맘 편한 팀원으로 지내고 싶다.

HR을 찾아가 팀원 시켜달라고 통사정이라도 하고 싶다.

세상이 이렇게 변해가는구나.

이렇게 변해가는 게, 맞는 거 맞지?

이래도 되는 거 맞지?

여보,
나 휴가 아냐!

코로나 이후로 세상이 많이 달라졌다. 가장 큰 변화 가운데 하나는 재택근무가 아닐까?

재택근무가 처음 시작되었을 때 누구보다도 환호했다. 이 좋은 걸 내가 회사에 다닐 때 한번 해 보는구나. 책에서나 보던 것을 나도 한 번 누려보는구나. 하지만 재택근무에 대한 환상은 그리 오래 가지 않았다. 이제는 회사에서 나오지 말라 뜯어말려도 나는 꿋꿋이 출근길을 선택한다.

일과 생활이 분리되지 않는다는 점이 가장 큰 이유다. 부지불식중에 집안일에 관여하게 된다. 청소, 빨래, 설거지, 아이 숙제 봐주기, 학원 데려다주기 등등. 바쁘다는 이유로 외면해왔던 일들이 알게 모르게 내 일이 되어간다. 일에 집중도 안 되고 이건 아니다 싶어 결국 한마디 하고 말았다.

"여보, 나 휴가 아냐. 나 지금 일하고 있는 거라고."

일해야 하니 건들지 말라는 선전포고다. 집안 분위기가 왠지 싸늘해진다. 에휴, 이럴 바엔 차라리 출근이 낫다. 재택근무가 적성에 안 맞는 걸 확인한다. 출근해보니 회사에 나 같은 사람들이 꽤 많다. 모두 나와 비슷한 연배다. 젊은 친구들은 재택근무에 대한 선호가 높아 회사에 코빼기도 비치지 않는데 나와 비슷한 또래의 사람들은 하나같이 번거로운 출근을 선택한다.

재택근무에 잘 적응하지 못하는 이유는 크게 두 가지다. 하나는 너무 오랫동안 출근에 익숙해진 삶을 살아서일 게다. 한 번도 해 보지 않은 것을 하자니 불편하고 힘든 것이다. 또 하나는 집에 오랫동안 머문 경험이 많지 않아서일 게다. 평일에 집에 있다 보니 다들 내가 휴가인 줄 안다. 내가 집에 머무는 상황에 집안 식구들도 함께 적응이 안 되는 것이다.

재택근무를 하면서 내가 진짜 걱정해야 할 것은 따로 있다는 사실을 알게 되었다. 머지않아 재택근무보다 훨씬 더 심각한 재택생활이 나의 일상이 될 수 있다는 점이다. 어쩌다 한 번이 아니라, 매일같이 집안에 마르고 닳도록 머물러야 하는 재택생활 말이다. 어딘가로 갈데가 있다는 것은 그 자체로 많이 고마운 일이다. 나이가 더 들어서도 갈 데와 할 일을 지속적으로 찾아야 하는 이유가 하나 더 생겼다.

소득 크레바스

크레바스Crevasse라는 말이 있다.

빙하 위에 쩍쩍 갈라진 틈을 말하며 협곡과 같이 좁고 깊은 게 특징이다. 빙하 위를 걷다가 크레바스에 빠지면 치명적인 부상을 입고 빠져나오기 어려워 죽음에 이르기 쉽다고 한다.

'소득 크레바스'라는 말이 있다고 누가 알려준다.

은퇴 시점부터 연금이 개시되는 65세까지, 소득 공백이 발생하는 기간을 말한다. 만약 50세에 은퇴한다면 65세까지 15년이 소득 크레바스에 해당한다. 연금이라도 받고 살려면 어떻게든 65세까지는 견뎌내야 하는 것이다.

소득 크레바스는 일단 빠지면 대책이 없다.

눈을 씻고 봐도 돈 나올 구멍이 없으니 상당한 손해를 감수하며 연금을 미리 당겨쓰는 사람들도 많다 한다.

소득 크레바스의 위기에 빠지지 않는 방법은 두 가지다.

지출을 줄이거나, 소득을 계속 유지하거나.

그런데 세상은 갈수록 나에게 돈을 지불하려 하지 않는다.

이런 처지에서 일할 때 자존심을 내세우는 우를 범해서는 안 된다.

이것저것 일을 가려 하려는 태도도 금물이다.

스스로를 많이 내려놓아야 한다.

세상이 나를 편하게 갖다 쓸 수 있도록.

리더,
시대에 뒤떨어진 용어

리더Leader라는 용어가 있다. 갈수록 이 말이 이상하게 들린다. 세상 물정 모르는 말 같다. 리더는 '이끄는 사람'이라는 뜻이다. 옛날에는 이 말이 통했을지도 모른다. 아는 자와 모르는 자, 힘을 가진 자와 힘이 없는 자, 배운 자와 못 배운 자가 구별되는 세상, 태어나서부터 사람을 구분 짓는 신분이 존재했던 사회에서는 말 그대로 이끄는 사람이 필요했을지도 모른다.

리더라는 용어와 늘 함께 쓰이는 이상한 용어도 있다. 팔로워Follower 라는 용어다. '뒤따르는 사람'이라는 뜻이다. 리더 노릇을 하려는데 사람들이 과거처럼 잘 따르려 하지 않으니 억지로 만들어 낸 말처럼 보인다. 팔로워를 유난히 강조하는 사람들은 대체로 리더 위치에 있는 사람들이다. 그들이 지칭하는 팔로워는 그런 후진 말로 본인을 규정하는 법이 없다. 다들 똑똑하고 자기 잘난 맛에 사는 요즘 세상에 누가 누구를 뒤따르려 하겠는가?

리더라는 용어는 외래어다. 같은 뜻을 지닌 우리나라 말을 찾아보았다. 마땅한 말을 찾기 어렵다. 그래서 외래어를 그냥 쓰는 모양이다.

지도자指導者라는 말이 하나 있긴 하다. '지시하고 인도하는 사람'이라는 뜻인데 고리타분하기 짝이 없다. 리더라는 말보다 더 이상하게 들린다. 정치권에서 종종 사용하는 모습을 보곤 하는데 우리나라 정치가 발전하지 못하는 하나의 이유일 것이다.

리더라는 용어는 요즘같이 답이 없는 세상, 모두가 똑똑한 세상에는 결코 어울리지 않는 말이다. 아이러니하게도 리더라는 말 자체가 리더십 발전에 가장 큰 장애 요인 같다. 리더의 자리에 오르면 말 그대로 이끌어야 할 것 같고, 이끌지 않으면 안 될 것 같은 강박을 느끼는 듯하다. 그래서는 절대 안 되고 굳이 그럴 필요도 없는데 말이다. 리더라는 용어 대신 사용할 수 있고 요즘 세상과도 잘 어울리는 말이 하나 있으면 좋겠다.

당신이 진정 바람직한 리더십을 발휘하고 싶다면, 스스로 리더라는 생각과 리더여야 한다는 구시대적 생각부터 버려야 한다. 또한 리더라는 말을 별생각 없이 쓰기보다는 당신에게 필요한 새로운 리더의 정의를 내릴 수 있어야 한다.

일을 하다 vs 일을 되게 하다

한 주니어 직원에게 업무 처리를 요청했다. 이해관계가 좀 복잡하게 얽혀 있는 일이었다. 시간이 한참 지났는데도 피드백이 없다. 궁금하여 일의 진행 상황을 물어보았다. "이메일 보냈는데 아직 회신이 없는데요." 직원의 답변에 고구마를 삼킨 듯 가슴이 답답해진다. 이 메일로 될 일이 아닌데. 찾아가서 통사정을 해도 될까 말까 한데. 회신이 없다고 그냥 가만히 있으면 되는 건가? 한 소리 하려다가 겨우 참아내었다. 불편한 감정이 표출될 것 같아서. 그의 일 처리가 내 마음에 들지 않은 이유는 뭘까? 내가 내린 결론은 다음과 같다.

"일을 하다" vs "일을 되게 하다"

그 직원을 '일을 한 것'이다. 반면 내가 그에게 원한 것은 '일을 되게 하는 것'이다. 일을 오래 하다 보니 일의 속성에 대해 알게 된 것이 한 가지 있다. 단순히 하는 수준에서는 결코 되는 일이 없다는 점이다. 만일 하는 수준에서 되는 일이 있다면 그건 일이라 정의할 수 없다.

"일＝난관"

일은 '난관'과 같은 의미다. 이 세상에 난관이 없는 일은 존재하지 않는다. 난관이 있기에, 난관의 종류도 다양하고 늘 새로운 것이기에, 일이 어렵고 힘든 것이다. 같은 일도 결코 같은 일이 아니다. 그래서 일은 하는 수준에 그치지 않고 되게 하는 노력을 해야 한다.

그 직원과 소통하여 이 같은 일의 속성을 알려주려 한다. 그런데 이 것도 난관이다. 어떻게 해야 꼰대 소리 듣지 않고 그를 이해시킬 수 있을까? 내 입장에서 단순히 알려주는 수준이 아니라 그가 마음으로 받아들이게 하려면 무엇을 해야 할까? 뭐든 남 얘기는 쉽지만 내 얘기가 되면 어려운 법이구나.

2부

사람은
이해하는 것이 아니라
외우는 것이다

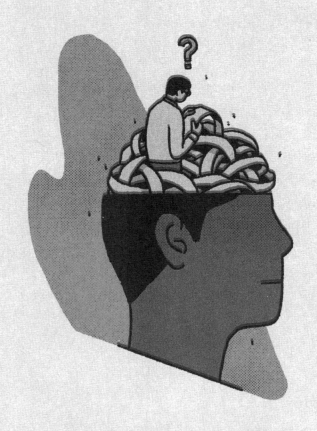

잘했으면 화낼 이유가 없고,
잘못했으면 화낼 자격이 없다.

지어낸 이야기

학교 다닐 때 학점이 너무 좋으면
취업이 안 된다는 말이 있다.

누가 그런다.
그건 다 학점이 나쁜 학생들이 지어낸 이야기라고.

강이나 바닷가 전망을 가진 고층 아파트에 살면
우울증에 걸리기 쉽다는 말이 있다.

누가 그런다.
그건 다 없는 사람들이 지어낸 이야기라고.

회사에서 너무 일찍 승진하면
먼저 잘린다는 말이 있다.

누가 그런다.
그건 다 제때 승진을 못 한 사람들이 지어낸 이야기라고.

담배를 끊는 사람은 독하다고
절대 사귀지 말라는 말이 있다.

누가 그런다.
그건 다 애초에 포기한 골초들이 지어낸 이야기라고.

술을 많이 마셔도
오래 살 사람들은 다 오래 산다는 말이 있다.

누가 그런다.
그건 다 술로 연명하는 술주정뱅이들이 지어낸 이야기라고.

나이가 들면
머리가 돌이 되고 사람이 잘 안 바뀐다는 말이 있다.

누가 그런다.
변화를 위해 애써본 적 없는 학습 무능력자들이 지어낸 이야기라고.

화

화를 냈다. 근엄하고 진지한 나의 표정과 추상같은 목소리에 벌벌 떨 줄 알았다. 내 눈치를 살피며 내가 기대하는 행동을 할 줄 알았다. 나의 착각이었다. 살짝 눈치를 보는가 싶더니 지들끼리 더 웃고 더 친해진다. 온 세상이 해맑고 즐거운데, 나 혼자 세상 업보를 다 안고 사는 듯하다. 슬슬 약이 오른다. 작정하고 나를 왕따 시키는 것만 같다.

'화'는 무엇일까? 존재감을 드러내는 것이다. 무섭게 존재감을 드러내는 것이다. 아무도 내 앞에서 까불지 못하게. 사납게 포효하는 맹수처럼.
하지만 슬프게도 맹수 곁에는 아무도 존재하지 않는다. 모두가 떠나버린 자리에 홀로 외로이 내버려질 뿐. 나이가 들어서 외로워지는 것이 아니라, 맹수처럼 사납기에 외로워지는 것이다.

나이가 들수록 맹수와 같은 방식이 아닌, 뜨뜻하게 몸을 녹여주는 온돌의 방식을 선택해야 한다. 외로움에 덜덜 떨지 않으려면.

화를 낸 이유가
기억나지 않은 이유

화를 낸 기억은 확실한데, 무슨 일로 화를 냈는지 잘 기억나지 않는다. 왜 그럴까? 그 이유를 곰곰이 생각해보았다. 아마도 다음의 세가지가 아닐까 싶다.

하나, 감정의 뇌가 이성의 뇌를 마비시켜 버려서다. 벌겋게 달아오른 감정의 뇌가 합리적인 이성의 뇌를 새까맣게 태워버린 것이다. 그 결과는 다음과 같다. 말더듬이가 되거나 말실수를 하게 된다. 이성과 감정이 섞여 문제가 꼬이고 복잡해진다. 감정이 앞선 나머지 사고를 치게 된다.

둘, 좁쌀만 한 일에 화를 내서다. 입에 담기에도 민망하고 속 좁은 일에 화를 낸 것이다. 너무 쪽팔린 나머지 기억나지 않은 척하는 것이다.
그 결과는 다음과 같다. 자기 스스로가 너무 싫어진다. 상대가 나를 싫어할까 봐 두려워진다. 밴댕이 속내가 세상에 소문날까 노심초사하는 겁쟁이가 된다.

셋, 자존심에 상처를 입어서다. 화가 난 이유는 하나도 중요하지 않다. 그 속에서 상처받은 내가 속상한 것이다. 문제해결 의지는 솔직히 별로 없다. 오로지 제발 나를 존중해달라는 애타는 마음만 있을 뿐이다.

그 결과는 다음과 같다. 상대가 나를 또라이로 본다. 나의 화로 인해 상처받은 상대가 역으로 나에게 화를 낸다. 화가 난 나와 나로 인해 화난 상대가 누구의 화가 더 센지 겨루는 화내기 경쟁을 한다. 화와 화가 맞서면서 화기가 배가된다. 누군가 꼬리를 먼저 내리거나 지쳐 쓰러질 때까지 화내기 경쟁은 계속 이어진다.

화내는 사람에게
현명하게 대처하는 법

화내는 사람에게 가장 어리석은 대응은 아마도 같이 화를 내는 것이 아닐까?

공격당하면 곧바로 반격하는 동물적 본능으로, 가장 흔하게 선택하는 행동일 순 있지만 그 결과는 참혹하다. 화와 화가 맞부딪히면 화기가 배가된다. 누구도 그 불길을 잡지 못할 것이며, 그 과정에서 서로 회복 불능의 마음의 상처를 입게 된다. 나에게 화를 내는 누군가를 만난다면 앞으로 이렇게 해 보면 어떨까?

하나, 그가 충분히 자기 생각을 말할 수 있게 하자. 그의 감정의 뇌가 폭발하는 상황이므로 일단 진화부터 해야 한다. 이성의 뇌는 다른 말로 언어의 뇌라고 한다. 언어의 뇌가 활성화되면 자연스레 감정의 뇌가 누그러진다. 공감해주고 때로는 질문도 하면서 그의 이성의 뇌를 자극하는 것이다. 그래서 그가 계속 자신의 생각을 말로 표현할 수 있게 해주자. 그가 내뱉는 말의 양에 비례하여 그의 화도 사라질 것이다.

둘, 잘못한 점이 있다면 쿨하게 사과하자. 그가 화를 낸 이유는 무엇일까? 내 입장에서 보면 도무지 이해할 수 없는 것이어도 그의 입장에서 보면 아주 충분히 그럴 만한 이유가 있을 것이다. 그의 입장에서 내가 잘못한 점이 있다면 뒤끝 없이 쿨하게 사과하자. 내가 사과를 하면 그 역시도 나에게 사과하고 싶은 마음이 생길 것이다.

셋, 그의 자존심을 세워주자. 그의 감정의 뇌가 누그러지고 나면, 누구보다도 그 스스로가 가장 쪽팔림을 느낄 것이다. 감정에 사로잡혔던 자신의 모습이 부끄러워질 것이다. 그래서 그의 자존심을 세워주는 말을 한마디 곁들이면 좋을 것이다. "이렇게 얘기해줘서 정말 고맙습니다. 저 같아도 많이 화가 났겠어요. 혹시라도 또 이런 일이 생긴다면 저에게 미리 귀띔해주세요."와 같이 말이다.

화를 내는 사람에게 가장 현명한 대응은 내가 '말이 통하는 사람'이 되는 것이다. 굳이 화를 내지 않아도 되고, 말로 해도 충분히 문제를 해결할 수 있다는 믿음을 주는 '말이 통하는 사람'이 되는 것이다.

나에게 화를 내는 사람이 많다는 것은 오랫동안 내가 '말이 통하지 않는 사람'으로 살아왔기 때문이다. 내가 '말이 통하는 사람'이 된다면, 나에게 화를 내는 사람도 자연히 줄어들 것이다.

잘했으면 화낼 이유가 없고,
잘못했으면 화낼 자격이 없다

야구를 보고 있다.
투수가 던진 볼이 타자의 머리를 향한다.
타자가 맞을 뻔했다.
흥분하여 언쟁을 벌인다.
서로 달려가 싸움이 난다.
덕아웃에서 선수들이 뛰쳐나온다.
투수 퇴장, 타자 퇴장! 감독도 퇴장!
난장판에 여러 사람이 퇴장을 당했다.

야구 해설자가
툭 던진 한마디가 마음에 꽂힌다.

"잘했으면 화낼 이유가 없고,
잘못했으면 화낼 자격이 없다."

화를 내면 결과가 항상 좋지 않다.
부러우면 지는 게 아니라

화를 내면 지는 거다.

진작에 알았다면 더 좋았을 걸.

먹고사는 병

집 근처에
김밥집이 하나 생겼다.
오픈한 지 얼마 안 된 곳인데
맛집으로 소문이 자자하다.
갈 때마다
손님들로 가득해서
줄 서서 기다려야 한다.

그 가게를 방문할 때면,
머릿속에 희한한 생각들이 자꾸 떠오른다.

"하루에 몇 줄이나 팔까?"
"요즘은 배달 수요까지 생겨서 가게가 더 잘되네?"
"맛만 좋으면 코로나에도 타격이 없구나."
"맛을 내는 비결이 뭐지?"
"얼마나 벌까?"
"가맹점도 모집하나?"

….

단지 김밥을 먹으러 갔을 뿐인데,
김밥으로 가볍게
요기를 하러 갔을 뿐인데,
온갖 잡생각으로
머릿속이 가득 찬다.

설마 김밥집을 차리려고 하는 거니?

이것도 병이다.
세상사 모든 것을
먹고사는 일과 연결하는
먹고사는 병!

오지랖 걱정

나이가 들수록 세상을 더 많이 알게 된다. 세상을 더 알면 걱정이 좀 줄어들 줄 알았는데, 알면 알수록 걱정은 되레 늘어난다. 자꾸만 속을 새까맣게 태우는 일이 생긴다. 내가 굳이 알 필요도 없고, 알고 싶지도 않고, 안다고 대책을 세울 수도 없는 일인데, 오지랖으로 생겨난 걱정들이 온 마음에 끈적끈적한 타르처럼 엉겨 붙는다. 걱정한다고 걱정이 없어지는 것도 아니고 해결되는 것도 아닌데, 걱정해준다고 누가 고마워하는 것도 아닌데, 왜 이리도 걱정에서 멀어질 수 없는가?

걱정의 40%는 절대 일어나지 않을 일이고,
걱정의 30%는 이미 일어난 일이어서 걱정해봐야 소용이 없고,
걱정의 22%는 걱정하기엔 너무나 사소한 일이고,
걱정의 4%는 내 힘으로 어쩔 수 없는 일이라 한다.
계산해보니 96%가 쓸데없는 걱정이고, 나머지 딱 4%만이 내가 관심을 두어도 되는 걱정이다.

걱정은 해야 하는 것인 줄로만 알았다. 걱정은 받아들여야 하는 것

인 줄로만 알았다. 걱정 속에서 사는 것이 잘 사는 것인 줄로만 알았다. 그래서 걱정하는 습관이 만들어진 것이다.

나이가 들수록 세상을 많이 알게 된다.
세상을 많이 알수록 걱정거리가 늘어난다.
걱정거리가 늘어날수록 스트레스가 쌓이고
장기적으로 병이 생길 수 있다.

그러니 나이가 들수록 걱정거리를 내려놓는 법을 익혀야 한다.
굳이 하지 않아도 되고, 내 것도 아닌데 내 것처럼 여기는
'오지랖 걱정'으로부터 자유로워져야 한다.
지금의 4%만 걱정해도 충분하다.

구매 후기

온라인 쇼핑몰에서 옷 한 벌을 샀다. 옷은 직접 입어 보고 사야 하는데, 색상과 디자인이 마음에 들어 그냥 사기로 했다. 마음에 안 들면 반송이라는 편리한 옵션을 사용하면 되니까.

와우! 딱 맞았다. 색상과 디자인은 사진과 똑같고, 사이즈까지 딱 맞춤이니 완전 득템이다.

이틀 후 쇼핑몰에서 구매 후기를 써달라는 메일을 받았다. 평소라면 이런 거 절대 안 쓴다. 하지만 쇼핑몰이 너무 고마워 클릭하고 들어가 한마디 적으려는 순간, 어! 이건 뭐지? 아! 짜증이 밀려온다. 그새 가격이 30%가 내렸다. 며칠만 늦게 샀어도… 태그 뜯고 입어버려서 반송할 수도 없고, 그냥 입자니 호갱이가 된 기분이다. 이 지저분한 기분은 뭐지? 왠지 옷이 싸구려처럼 보인다. 디자인도 왠지 구려 보인다.

옷은 그대로인데, 옷을 바라보는 나의 마음은 이리도 간사하게 바뀔 수 있단 말인가?

구매 후기에 다음과 같이 적었다.

일체유심조 一切唯心造

모든 것은 오로지 마음이 지어내는 것이라는 원효대사의 가르침을 쇼핑몰 구매 후기를 통해 되새긴다.

신호등

운전하다 빨간 신호등에 걸려
교차로 바로 앞에서 차를 멈췄다.

그 순간 뒤차가
내 차를 쌩 하고 추월하며 지나간다.
"어? 저 차 뭐야? 신호도 안 지키고."
혼잣말로 중얼거렸다.

말이 떨어지기가 무섭게 또 다른 차가
검은 매연을 내뿜으며 앞질러 지나간다.
"저 차는 또 뭐야?"
눈앞의 신호등을 다시 확인했다.
혹시나 내가 신호를 놓치지 않았나 싶어서.

그 순간 또 다른 차가
내 차를 무시하듯 앞질러간다.
이쯤 되니 신호를 지키는 내가 오히려 뻘쭘해진다.

혹시 내가 너무 고지식한 건가?

어차피 차도 안 다니는 한적한 곳인데

이런 데서는 신호를 적당히 무시하면서 다니는 게 맞나?

사방팔방 공간이 휑하게 느껴진다.

빨간 신호등이 유난히 길게 느껴진다.

나를 시험에 들게 한다.

계속 기다릴까?

그냥 지나갈까?

계속 기다릴까?

그냥 지나갈까?

결국, 신호를 지키기로 했다.

지킬 것 다 지키다,

막판에 마음을 바꾸는

소신 없는 사람이 되고 싶지 않았다.

지킬 건 지키자.

그리고 기왕 지키기로 했으면

흔들리지 말자.

입병

입병이 났다. 농구 하다 공에 맞아 입 속이 터졌다. 충격이 컸는지 상처가 상당하다. 최소한 일주일은 걸려야 나을 각이다.

다른 상처와 달리 입병은 사람을 아주 예민하게 만든다. 입안 피부가 얇고 신경이 많아서인지 하루 종일 욱신거린다. 스으읖스읖 하며 입안으로 바람이라도 넣어 아픈 상처를 달래본다. 누군가가 킥킥거리며 알보칠을 권한다. 헐, 나도 알보칠 잘 알거든. 누굴 호구로 보나. 밥도 제대로 못 먹고, 말도 제대로 못 하고. 아, 정말 미칠 지경이다.

어차피 시간이 걸려야 나을 테니, 긍정적인 방향으로 생각해보기로 했다.
식사량을 그렇게 줄이려고 해도 잘 안 됐는데…
말을 자제하려고 해도 그놈의 아재 본능이 늘 발동해서 문제가 생겼는데…
입병은 이 두 가지 숙원사업을 일거에 해결해준다. 일주일 동안 입에 들어가는 것과 입으로 나오는 것을 줄일 수 있으면, 입병으로 괴로운 만큼 얻는 것도 많을 것이다.

그래 맘껏 애려라. 기왕 애릴 것 차라리 더 지독하게 애려라.
애릴수록 덜 먹게 되고, 덜 말하게 될 테니.

되돌아보니 농구공에 맞은 것이 아니라 농구공이 나를 때린 것이다.

살면서 입을 조심하라고.

두뇌의 상상

두뇌는 묘한 특성 한 가지를 가지고 있다. 현실과 상상을 구별하지 못한다는 특성이다. 그래서 머릿속 상상을 현실로 받아들이는 경향이 있다.

대표적인 예가 TV의 먹방 프로그램을 시청하고 있을 때다. 분명 내가 먹지 않고 있는데, 화면 속 음식이나 음식을 맛있게 먹는 사람들을 보면서 나도 모르게 입에 침이 고인다. 두뇌가 음식이 들어온 줄착각하고 소화액을 분비시키고 있는 것이다. 나는 운전 중에 졸음이쏟아지면 따뜻한 아메리카노를 한 잔 준비한다. 물론 운전 중에 뜨거운 커피를 마실 수는 없다. 하지만 커피가 곁에 있는 것만으로도 졸음을 예방할 수 있다. 두뇌가 이미 커피의 카페인을 상상해 버려서 각성된 상태로 변화되기 때문이다.

이런 두뇌의 속성을 잘 이해하고 적절히 활용할 필요가 있다. 힘든 일이 있거나, 속상한 일이 있거나, 기대에 못 미치는 일이 있으면, 그속에 스스로를 너무 오랫동안 머물게 해서는 안 된다. 우리 두뇌는그 상황을 더욱 악화시켜 버릴 것이다. 두뇌의 관심을 어려운 현실로부터 다른 곳으로 돌려야 한다. 좀 쉬거나, 여행을 가거나, 책을 읽거나, 영화를 보거나, 친구를 만나는 등 두뇌가 안 좋은 상황에 빠져 있지 않도록 해야 한다.

최고로 좋은 것은 두뇌를 좋은 곳으로 보내는 것이다. 과거의 좋았던 일을 떠올리거나, 앞으로 좋아질 일을 상상하는 것이다.

당신 나 무시하는 거지?

아내와 의견 차이가 있어 말다툼을 했다.
한참 서로의 의견이 오가는 가운데
느닷없는 아내의 반응.

"당신 나 무시하는 거지?"

뜬금없는 말에 반문한다.

"뭔 소리야? 내가 당신을 언제 무시했다고 그래?"

아내가 정색하며 말한다.

"아까부터 계속 날 무시하고 있잖아."

생사람 잡는다.

"내가 당신을 무시했다고? 어이없네. 정말."

말이 그치기가 무섭게 아내가 말한다.

"지금 그게 날 무시하는 거야."

이쯤 되니 나도 모르는 뭔가가 있긴 있나 싶다.
아내가 낸 숙제는 항상 어렵다.

사라진 야채 주스

나에게 한 가지 루틴이 있는데
아침에 배달온 야채 주스를 마시는 것이다.
건강과 다이어트에 도움이 되는 것이라 믿고
수년째 지키고 있는 루틴이다.
바쁠 때는 아침 식사를 대신하기도 한다.

여느 때처럼 아침에 일어나
현관문을 열고 야채 주스를 꺼내려는데,
어라? 가방째 사라졌다.
금요일은 금토일 삼 일 치가 한꺼번에 들어오는데,
무려 삼 일 치의 야채 주스가 없어져버린 것이다.
배달 아주머니에게 카톡을 보냈더니
분명히 배달을 했다고 한다.
누군가 가져간 것 같다고 한다.

아침부터 승질이 났다.
잠깐 고민이 됐다.

우리 아파트는 층마다 CCTV가 있어서

만약 누가 가져갔다면

누구인지 바로 확인할 수 있다.

야채 주스가 사라진 시간대가 아주 짧아서 조금만 수고하면 된다.

나의 루틴을, 그것도 삼 일 치 나의 루틴을 깨버린

그가 누군지 찾을 것인가 말 것인가?

갑자기 피식 웃음이 나온다.

사라진 야채 주스 세 개를 위해 CCTV를 뒤지는

내 모습을 상상하니 시트콤이 따로 없다.

왜 이리 살벌한가?

왜 이리 사람이 쪼잔한가?

나답지 않게 말이야. 하하.

뭔가 착오가 있었겠지.

평소의 나답게 관대하게 행동해야지.

관대한 마음으로 다음 문구를 현관에 붙여 놓기로 했다.

"탈 날 수 있습니다."

거거익선

대형 TV를 구입했다.
스포츠와 영화 보는 걸 좋아하는데,
어디 안 가도 되고
집에서 편안하게 즐길 수 있을 것 같아서
심사숙고하여 큰맘 먹고 구입했다.

거실 벽에 이 놈을 떡하니 붙여놓으니
그 위용에 금세 압도되고 만다.
집 안에 들어서면
이 놈만 보이는 것 같고,
영화라도 한 편 보고 나면
시력에 부담이 느껴질 정도다.
심지어 이 놈을 꺼놓은 상태에서도
검은 화면에 형광등 불빛이 아른거려 어지러움이 느껴진다.
매장에서 처음 봤을 때
이 정도는 아니었던 것 같은데.

너무 큰 걸 샀나?

적응할 수 있도록
좀 더 작은 걸 샀어야 하나 후회가 들기도 했다.
하지만 수개월이 지난 지금, 어떤 불편함도 없다.
그 전의 꼬맹이 TV와도 별 차이가 없게 느껴진다.

아! 좀 더 큰 걸 샀어야 했다.

크면 큰 대로
내 몸은 그것에 적응한다.
언제일지 모르지만 또다시 TV를 살 기회가 온다면
주저하지 않고 가장 큰 걸 살 것이다.
TV는 크면 클수록 좋다.

정치 이야기

정치 이야기는 안 친한 사람과는 할 얘기가 아니다.
같은 편이 아니라면
그와의 인연은 기대하기 어려울 것이다.

정치 이야기는 친한 사람과도 할 얘기가 아니다.
같은 편이 아니라면
서로 마음 상하고 실망하여 돌아설 것이다.

정치 이야기는 같은 편끼리만 할 수 있는 얘기다.
자기편이 아닌 사람과는
상대가 누구든 할 얘기가 아니다.

같은 편끼리만 정치 이야기를 하다 보니
오늘날 정치가 이 모양 이 꼴이다.
사악한 누군가가
같은 편끼리만 정치 이야기를 하게 만들어놓았으니
우리나라 정치가 이 모양 이 꼴이 된 것이다.

함께 먹고살자는 건데
내 편 네 편 가르는 정치 이야기는 아니었으면 한다.
나라 잘되자고 하는 건데
더 나은 대안을 찾는 정치 이야기였으면 한다.

누구와도 마음 편하게
정치 이야기를 할 수 있는 세상이 되었으면 한다.
같은 식구끼리 내 편 네 편을 따지기보다는
함께 추구하는 무엇을 우선시하는
정치가 되었으면 한다.

정치에 이런 걸 기대하다니
아직 많이 순진한 걸까.

내가 지금 마늘이나
까고 있을 때야?!

지근지근 두통이 몰려온다. 고된 노동에 지친 두뇌가 보내는 파업 신호다. 양손의 검지로 관자놀이를 강하게 눌러 진압한다.

"그라믄 안 돼!"

하지만 그때뿐이다. 진압 작전이 끝나면 파업 세력이 곧바로 다시 봉기한다. 웬만하면 이렇게까지는 안 하려고 했는데, 좀 더 강한 처방이 필요하다.

"두통약 어디 갔어?"

그런데 이때! 가뜩이나 머리에 뚜껑이 열린 상태인데 마눌이 마늘을 까달라고 한다. "내가 지금 마늘이나 까고 있을 때야?!" 욱하는 감정이 명치에서 올라와 후두부를 강타한다. 다행히도 전두엽의 신속한 개입으로 입술 사이로 말이 새 나가는 비상사태를 가까스로 막아냈다. "에라~ 모르겠다. 마늘이나 까자." 뭉툭한 손톱으로 애써 마늘 껍질을 한 꺼풀씩 벗겨내는데… 이거 쉽지 않다. 힘을 주면 푹 들어가고 힘을 빼면 껍질이 손톱에 걸리지 않는다. 생각보다 고도의 집중력이 필요하다. 눈이 점점 맵고 따가워진다. 나도 모르게 슬쩍 비볐더니, 눈물까지 주룩주룩. 아뵤~ 진짜 딴생각이 안 난다.

어라! 근데 이건 뭐지? 그냥 마늘을 깠을 뿐인데, 그저 매워서 눈물을 흘렸을 뿐인데 어느새 머릿속이 개운해진다. 신묘하다. 마늘은 항암효과가 있다던데, 마늘 까기는 두통에 효과가 있나 보다. 이거 FDA 승인 받아야 하는 거 아냐? 마늘 까기의 효능을 좀 더 느끼고 싶어 마눌에게 힘차게 외쳐본다.

"마늘 더 깔 거 없어?"

마음고생을
쉽게 이겨내는 법

내가 응원하는 프로야구팀이 있다. 매일같이 챙겨 보고, 마치 한 몸이라도 되는 듯 열과 성을 다해 응원한다. 삶의 낙이 아닐 수 없다. 문제는 그 팀이 패배할 때다. 가령 어렵사리 올라간 코리안 시리즈에서 허망하게 무너지고 만다. 이때의 실망과 상실감은 이루 말할 수 없다. 경기를 직접 뛴 선수 못지않게 마음의 상처를 입는다.

어린 시절, 마음고생이 생길 때 나는 어찌할 바를 몰랐다. 분한 마음에 잠이 안 오는 경우도 많았고, 상한 마음을 달래고자 술을 퍼마시기도 했다.

어찌할 도리가 없는 곳에서 마음고생이 생겨나니 어찌할 도리가 없어 마음고생이 오히려 심해지는 게 아닐까?

나이 든 지금은 그렇지 않다. 능구렁이처럼 쉽고 편하게 벗어날 수 있다. 마치 아무 일도 없던 것처럼 마음고생으로부터 벗어날 수 있는 삶의 지혜를 얻게 되었다.

방법은 간단하다. 마음의 연을 잠시 끊는 것이다. 냉정하게 따져 보면 남남인데, 한 몸인 것처럼 연결되어 있는 관계를 싹둑 잘라버리는 것이다. 한마디를 푸념하듯 더하면 더욱 효과적이다.

"내 일도 아닌데 뭐!"

이렇게 말하고 나면 마음고생으로부터 쉽게 벗어날 수 있다. 오히려 폭발하는 마음의 감정 에너지를 보듬어 그간 힘이 달려 뒤로 미뤘던 일에 좀 더 정진할 수 있게 된다.

일시적 단절!

나의 의지로 어찌할 도리가 없는 곳에서 마음고생이 일어난다면, 일단 그곳으로부터 벗어나는 것이 중요하다. 마음고생이 시작된 그곳으로부터 신속하게 빠져나와야 한다.

푸념하듯 말해보자. "내 일도 아닌데 뭐!" 잘 안 된다면 반복해서 말해보자. 마음고생이 사라지고 나면 예전처럼 다시 이어질 것이다. 아니, 예전보다 더 강하게 이어질 것이다.

돈

돈은 쓰라고 있는 것이다.
돈은 써야 할 때는 써야 한다.

써야 할 돈을 안 쓰면
나중에 더 많이 써야 하는 상황이 발생한다.

기왕 써야 할 돈이라면
한 템포 빨리 쓰는 것이 좋다.

피 같은 돈이라도
그 돈을 어떻게 모았는지 생각하지 말고
흔쾌히 쓰도록 하자.

일단 쓴 돈에 대해서는
미련을 갖지 말자.
아깝다는 생각이 들면 이렇게 말해주자.

"곧 다시 만날 거야. 꼭 돌아와."

그 돈은 세상 곳곳을 여행하다가
다시 나에게 돌아올 운명이다.
두둑한 이자를 쳐서 말이다.

이런 사람과는
말을 섞지 않을 것이다

나이가 들수록

말을 섞고 싶지 않은 사람이 있다.

그런 사람은 다음의 특징을 가지고 있다.

눈빛이 공격적이다.

표정이 공격적이다.

말투가 공격적이다.

동작이 공격적이다.

본인은 모를 것이다.

자신의 눈빛, 표정, 말투, 동작에

문제가 있다는 사실을 진짜 모를 것이다.

자신의 공격성은 자기 눈에는 절대 보이지 않기 때문이다.

하지만 상대는 분명히 알고 느낀다.

친구일 줄 알고

또는 친구가 되기 위해 다가갔다가

무방비 공격을 받아
마음속 깊은 상처를 입게 된다.

이런 성향의 사람을 만나면
많이 힘들고 피곤해진다.
몰라서 한 번은 만날 수 있겠지만,
알고는 절대 만나고 싶지 않을 것이다.

한편으로는 그가 안타깝다.
자신의 눈빛, 표정, 말투, 동작에 문제가 있다는 사실을
영원히 모르고 살아갈 것이기 때문이다.
누가 알려주기 전까지 영원히 모를 것이다.
설사 누군가가 용기 내어 알려주더라도
그것을 인정하려 하지 않을 테니 영원히 모를 것이다.

잠시 나를 되돌아본다.
나의 눈빛, 표정, 말투, 동작에는 문제가 없을까?
아무도 말해주지 않을 테니
거울이라도 보면서 한번 확인해봐야겠다.

책을 읽어도
남는 것이 없는 이유

어렵사리 시간을 내어 꼭 읽고 싶었던 책을 읽었다. 마지막 페이지를 넘기고 책을 덮었다. 그런데 황당한 것은 책 내용은 기억이 안 나고, 책을 읽었다는 뿌듯함만 남아 있다.

독서 후에 갖는 착각이 한 가지 있다. 독서를 통해 뭔가 많이 알게 되었다는 착각이다. 책을 읽고 나서 내용이 머릿속에 10% 이상 남아 있다면 굉장한 것이다. 설사 머릿속에 남는 것이 있다 할지라도 절대 오래 가지 못한다. 다음 날이면 그마저도 잘 기억이 안 난다. 독서는 생각만큼 효과적인 학습 방법이 아니다.

그렇다면 책은 어떻게 읽어야 할까? 일단 내면의 호기심에서 독서가 시작되어야 한다. "이런 게 궁금해!" "나는 이 점이 부족해!" 이런 호기심을 안고 서점에 가야 한다. 호기심을 충족시켜줄 수 있는 바이블 같은 책을 골라야 한다. 그리고 학교 다닐 때 교과서 시험공부를 하듯이 밑줄 그어가며, 노트해가며, 반복적으로 읽고 또 읽어야 한다. 그래서 그것을 완전히 내 것으로 소화할 수 있어야 한다. 그런 후 다음의 유사한 책은 설렁설렁 읽어도 된다. 학교 다닐 때 교과서를 그렇게 반복해서 읽었음에도 불구하고 시험을 보면 늘 틀린 문제가 있지 않았는가? 한번 읽었다고 그것이 내 지식이 되는 일 따위는 없다.

효과적인 독서는 눈사람을 만드는 것과 같다. 눈사람을 잘 만들려면 첫 번째 공정이 가장 중요하다. 단단한 눈뭉치를 만드는 공정 말이다. 단단한 눈뭉치를 만들듯 초기 바이블과 같은 책을 통해 단단한 기초지식을 만들어놓으면 이후 관련 지식이 자석처럼 붙게 될 것이다.

두 종류의 인사

인사에는 두 종류가 있다. 하나는 상대에 대한 존중의 표현이다. 상대의 존재를 인식하고 내가 그의 존재를 존중하고 있다는 사실을 알리는 것이다. 인사의 본래의 목적이다. 다른 하나는 일에 대한 감사의 표현이다. 상대가 나를 도와줬으니 또는 상대가 나와 관계된 일로 수고해줬으니 그것에 대한 고마움을 표하는 것이다.

전자가 인사의 본질에 충실한 '본질적 인사'라 한다면, 후자의 인사는 자신에게 도움이 되는 사람에게 선택적으로 가려 하므로 '선택적 인사'라고 정의하고자 한다.

식당을 이용할 때면 '선택적 인사'가 어떤 것인지를 명확히 느끼게 된다. 식당에 처음 들어설 때는 식당 주인이 내 얼굴을 바라보며 반갑게 인사를 건넨다. 하지만 음식을 다 먹고 나설 때는 그렇지 않다. 계산을 하면서도 그의 눈은 내 얼굴이 아니라 그 순간 식당 입구에 들어서는 새로운 손님의 얼굴에 꽂혀 있다. 마치 나를 다시는 보지 않을 것처럼, 일이 끝났으니 더 볼 일이 없다는 듯이. 물론 모든 식당이 이렇다는 것은 아니다. 하지만 대개의 식당이 다 그렇다. 그래서 식당에서 받는 인사는 들어설 때는 몰라도 나설 때는 좀 찜찜할 때가 있다.

나는 평소 어떤 유형의 인사를 많이 하는 사람일까? '본질적 인사'일까? 아니면 '선택적 인사'일까?

나이가 들면서 나도 모르게 사람을 가려서 하는 '선택적 인사'를 많이 하는 듯하다. 상대에 대한 존중의 표현이 아니라, 상대가 나에게 도움이 되는지 아닌지를 따져 하는 인사 말이다. 나보다 높은 사람인지 낮은 사람인지를 따져 인사를 할 것인지 말 것인지를 결정하는 일도 있다. 나이가 들수록 인사하는 일이 점점 줄어드는 이유일 게다.

사람은 이해하는 것이 아니라
외우는 것이다

"도대체 이해가 안 돼!"

누군가에게 마음 상하는 일이 있을 때 나도 모르게 입 밖으로 터져 나오는 말이다. 혹시 이 말을 사용하는 자신을 발견한다면, 곧바로 학창 시절 선생님 말씀을 떠올리자!

"이해가 안 되면 그냥 외워!"

사람은 이해하는 것이 아니라 외우는 것이다.
일단 외워서 받아들이면 익숙해지게 되고,
익숙해지다 보면 친숙해지게 되고,
친숙해지다 보면 시간이 지나 자연스레 이해도 될 것이다.

대개 아는 것이 없을수록 이해되지 않는 것이 많고, 아는 것이 많을수록 이해되는 것도 많은 법이다. 그래서 인간관계가 좋은 사람은 "도대체 이해가 안 돼!"라고 푸념하는 사람에게 이렇게 말해준다.

"그 사람, 원래 그래!"

낯선 행동이나 불편한 생각을 만나게 되면 이해하려 하기보다는 그냥 받아들이자. 특히 그가 멀리해서는 안 되는 사람이거나, 떨어지려야 떨어질 수도 없는 사람이거나, 귀하고 소중한 사람이라면 더더욱 이해하려 하기보다는 그냥 받아들이자. 학창시절 암기 과목을 공부하듯 그냥 외우자. 내 관점에서 낯설고 불편할 수 있지만, 그의 관점에서는 지극히 몸에 밴 행동과 사고일 테니까. 그냥 다 외워버리자.

근데 요즘 자꾸만 기억력이 가물가물하다. 분명 외웠는데, 까먹는 일이 많다. 이젠 노트에라도 적어놓아야 할까 보다.

선물 사는 일이
점점 더 어려워지고 있다

별거 아닌 일 같으면서
새삼 어렵게 느껴지는 일이 있다.
선물을 사는 일이다.
웬일인지 선물 사는 일이 점점 더 어려워지고 있다.

좋은 선물은
내 마음이 아니라
상대의 마음에 드는 선물이다.

최고의 선물은
상대도 미처 몰랐던
상대의 마음에 쏙 드는 선물이다.

좋은 선물을 넘어 최고의 선물을 하고 싶다.
문제는 상대가 뭘 필요로 하는지 알지 못한다는 점이다.
상대의 마음을 들여다볼 수도 없고
대놓고 물어볼 수도 없으니

선물 사는 일이 어려운 것이다.

예전에는 안 그랬던 것 같은데
요즘은 왜 이리 선물 사는 일이 어려운 걸까?

둘 중 하나일 게다.
상대를 제대로 알지 못하거나
상대를 더 자세히 알고 싶거나.

상대에 대해
아는 것이 많을수록
선물 사는 일이 쉬워질 것이다.

상대에 대해
아는 것이 없을수록
선물 사는 일이 어려워질 것이다.

기억력이 떨어지면
기록력

나이가 들수록 기억력이 감퇴한다. 심지어 친구 이름이 생각나지 않을 때도 있다. 기억력 감퇴는 노화의 자연현상이니, 슬프긴 해도 탓할 일은 아니다. 하지만 자연현상으로만 치부하기에는 그 부작용이 만만치 않다. 기억력이 떨어지면 중요한 일이나 사람을 놓치게 된다.

기억력 감퇴를 극복하는 방법은 무엇일까? 그것은 기록력을 키우는 것이다. 기억력이 나갔으니 보완장치로 기록력을 맞이해야 한다. 안 잊어 먹도록, 아니 굳이 기억할 필요가 없도록 꼼꼼하게 기록해야 한다. 헷갈리는 것은 더욱 신경 써야 하고, 중요한 것은 듣자마자 기록해야 한다. 그리고 기록한 내용을 자주 들여다봐야 한다. 기록했음에도 불구하고, 기록했다는 사실조차 기억나지 않을 때가 있기 때문이다.

기록력이 좋은 사람은 기억력을 걱정할 필요가 없다.

가짜 뉴스

'가짜 뉴스'라는 말을 처음 들었을 때, 나는 세상에 이런 말이 가능한가 하는 의문이 들었다. 오랜 세월 동안 내 인식 속에 '뉴스'는 '사실'과 같은 말이었기 때문이다.

어린 시절부터 나는 뉴스를 통해 세상을 만났고, 뉴스를 통해 세상을 이해하였다. 나의 아버지도 뉴스를 통해 세상을 만났고, 뉴스를 통해 세상을 이해하셨을 것이다. 그리고 뉴스를 통해 알게 된 세상을 어린 나에게 가르쳐주었을 것이다. 세대를 거쳐 전해져 온 '뉴스=사실'이라는 믿음!

그렇게 철석같이 믿어왔던 그 뉴스가 변심을 한 모양이다. 설마 처음부터 사악하고 비열한 정체를 숨기고 있었던 것은 아니겠지? 내가 만나는 뉴스가 가짜 뉴스일 수도 있고, 때로는 가짜 뉴스일 가능성이 더 높다는 사실을 알게 되었을 때 느낀 충격은 이만저만한 것이 아니었다. 제발 아니길 바란다. 그동안 내가 속고 살지 않았길 바란다. 앞으로는 더 이상 속고 살지 않길 바란다. 가짜 뉴스가 더 이상 세상을 속이지 않길 바란다.

내가 살면서
부러워했던 것들

10대에는 뭔가를 잘하는 친구가 부러웠다.
운동을 잘한다든지, 공부를 잘한다든지, 독특한 장기가 있어서
학교에서 누구나 다 아는 이름을 가진 친구가 부러웠다.

20대에는 잘생긴 친구가 부러웠다.
가만있어도 호감이 생기는
이목구비 또렷한 얼굴을 가진 친구가 부러웠다.

30대에는 집을 장만한 친구가 부러웠다.
먹고살기에도 빠듯한 시절에
자기 이름의 등기부등본으로 삶의 안정감을 누리는 친구가 부러웠다.

40대에는 홀로서기에 성공한 친구가 부러웠다.
자기만의 전문성으로 사회에서 인정받거나
사업을 일구는 데 성공하여
목소리에 힘이 느껴지는 친구가 부러웠다.

50대가 되니 자식 농사에 성공한 친구가 부럽다.
알아서 철이 든 자녀가 스스로의 앞길을 개척한다며
은근히 자랑하는 친구가 부럽다.

60대가 되면 나는 무엇을 부러워할까?
틀림없이 나는 또 뭔가를 부러워할 텐데….
60대 선배들을 만나 좋아 보이는 것을 찾아보았다.

아마도 나는 60대가 되면
'얼굴이 좋아 보이는 사람'을 부러워할 것이다.
아픈 데 없이 생생하고 마음의 평화가 느껴지는
딱 봐도 얼굴이 좋아 보이는 사람을 부러워할 것이다.

부러우면 지는 거라는데
더 이상 부러워하며 살지 말아야지.

미리 준비해서 60세가 되면
내가 스스로 부러워하는 사람이 되어야겠다.
딱 봐도 좋아 보이는 얼굴을 가진 사람이 되어야겠다.

대통령 선거 때마다
충격적으로 놀라는 것

오랜 세월, 산전수전에 공중전까지 다 겪고 이런저런 사람 다 만나
봐서, 사람 보는 눈 하나는 정확하다고 자부한다. 한데 이런 나도 대
통령 선거 때마다 놀라는 게 있다.

나와 다른 생각, 아니 완전히 반대되는 생각을 가진 사람이 세상에
너무나도 많다는 점이다.

내 생각이 옳다고 주장하는 것만큼 상대도 자신의 생각이 옳다고
주장한다. 서로 지지하는 후보에 대해 설전을 늘어놓다 보면 어느새
연을 끊고 싶은 웬수가 되고 만다. 웬수가 될 수 있는 사람이 세상의
절반이나 된다니 얼마나 놀라운 일인가? 심지어 멀리도 아니고 한
몸과도 같은 내 가족에게서도, 이심전심의 친구 사이에서도 이런 현
상이 나타나니 황당하고 놀랍다.

사람의 생각이 서로 다를 수 있다지만, 옳고 그름을 따질 수 없는 게
많다지만, 어떻게 똑같은 세상을 살면서 이리 반대되는 생각을 가질
수 있단 말인가? 어이없기도 하고 세상 물정 모르는 사람 같기도 하

고 말귀를 못 알아듣는 답답한 사람처럼 느껴질 뿐이다.

곰곰이 살펴보니 내 마음은 놀라움의 고개를 넘어 두려움의 골짜기에 떨어지고 만다. 내가 상대에게 그렇듯 상대에게도 내가 어이없기도 하고 세상 물정 모르는 사람 같기도 하고 말귀를 못 알아듣는 답답한 사람처럼 느껴질 것 같아서. 그간 내가 철석같이 믿어온 확고한 신념이 상대에게는 나만의 정신승리로만 받아들여질 것 같아서.

내가 상대를 보며 놀라는 것처럼, 상대도 나를 보며 놀랄 것이다. 내가 상대를 보며 두려움을 느끼는 것처럼, 상대도 나를 보며 두려움을 느낄 것이다.

대변인이 있으면 좋겠다

답답한 일이 많다.
속 터지는 일이 많다.
내 말뜻은 그게 아닌데 다들 자기 맘대로 해석하고 난리다.

굳이 내가 나서지 않아도
내 생각과 마음을 대신 전해주고,

무슨 말을 해야 할지 모를 때
상황에 맞는 가장 적절한 말과 논리를 찾아주고,

실언이나 실수를 해도
내 입장에서 그럴싸한 이유로 해명해주고,

난처한 상황에 처할 때
하나하나 찾아가 설득해주고,

오로지 나를 편들어주고
세상 사람들에게 나를 꽤나 괜찮은 사람으로 포장해주는
대변인이 하나 있으면 좋겠다.

말 기술이 없는 걸까?
아니면 나의 영향력이 떨어진 것일까?
예전보다 부쩍 답답하고 속 터지는 일이 많은 걸 보니
전자보다는 후자에 가깝지 않나 싶다.
그래서 대변인이 있었으면 좋겠다.

그런데 대변인은 내 속을 어떻게 알지?

당신이 소통을 못하는
진짜 이유

무슨 일이든 오래 하면 익숙해진다. 일단 익숙해지면 잘하게 되는 경우가 많다. 그런데 평생 해 온 일임에도 불구하고 하면 할수록 어렵게 느껴지는 일이 하나 있다. 너무 어려워 적성에 안 맞아도 결코 포기하거나 외면할 수 없는 일이 하나 있다. 바로 소통이다.

소통이 어려운 이유는 무엇일까? 여러 가지 이유가 있겠지만 꼭 기억해야 하는 이유 한 가지가 있다. 그것은 스스로 소통에 문제가 없다고, 아니 스스로 소통을 잘한다는 착각을 하기 때문이다. 마치 소통의 대가라도 되는 양 소통을 잘하기 위한 준비와 노력을 하지 않는다. 말할 줄 안다는 것과 소통할 줄 안다는 것, 완전히 다른 차원의 이야기임을 주지할 필요가 있다.

잘 생각해보자. 과연 당신은 소통을 잘하는 사람인가? 최근 들어 누군가와 예민한 주제로 소통했던 기억을 떠올려보라. 가정에서는 배우자나 자녀일 수도 있겠다. 회사에서는 당신의 까칠한 상사나 속을 알 수 없는 MZ세대일 수도 있다. 첨예한 갈등 관계에 있는 거래처나 까탈스러운 요구를 해대는 진상 고객일 수도 있다. 그들과의 소통은 어떠했는가? 점수로 매긴다면 10점 만점에 몇 점이나 줄 수 있을 것 같은가?

이 세상에 소통의 왕도는 없다. 소통의 대상도 다르고, 주제도 다르고, 맥락이나 환경도 다르니 소통의 모든 상황은 늘 처음 풀어보는 난도 높은 응용문제라 할 수 있다. 스스로 소통을 잘한다는 착각에서 벗어나야 한다. 차라리 소통을 형편없이 못하는 사람이라고 생각하는 편이 더 도움 될 것이다.

시험 문제가
또 나온단 말이에요

둘째가 초등학교 2학년 때다.

시험을 보면 꼭 시험지 앞면만 푼다.

당연히 성적이 좋을 리 없다.

50점을 넘는 법이 없다.

아이 엄마가 참다못해 아이를 앉혀놓고 야단을 친다.

"왜 시험지 뒷면을 안 푸는데? 왜 그러는 건데?"

아이의 답변이 가관이다.

"시험지를 뒤집으면 문제가 또 나온단 말이에요."

마시던 물을 뿜을 뻔했다.

아이 입장에서 보니 지극히 맞는 말이다.

공부하기 싫은데, 시험 문제를 보면 두통이 생기는데,

시험지를 굳이 뒤집는 수고를 할 이유가 없는 것이다.

가만 생각해보니 나도 다를 게 없다.
하던 일을 좀 더 들어가 보면
추가로 더 해야 할 일이 생긴다는 걸 잘 안다.
썼던 글을 다시 들여다보면
뜯어 고쳐야 할 것들이 부지기수라는 걸 잘 안다.

굳이 들어가고 싶지 않다.
고통이 뒤따를 것이 뻔하기에.

더 들어갈 것인가?
적당히 멈출 것인가?
일할 때마다 늘 선택의 기로에 선다.

돈만 들인 인테리어

이사를 하면서 아파트 인테리어를 하기로 했다. 돈이 좀 들더라도 평생 살 집이기도 하고, 집 안에 머무는 시간이 많기도 해서 이참에 '마음에 쏙 드는 집'을 갖고 싶었다.

나 같은 사람이 많은가 보다. 천정부지로 올라버린 공사비는 둘째치고 인테리어 업체를 구하는 것조차 어려웠다. 제대로 하려면 6개월 전부터 예약하고 준비해야 한다고 하니 말 다했다. 수소문하여 가까스로 공사에 착수할 수 있었다. 근데 뭐가 이리 어려운가? 구조, 자재, 가구, 색깔, 소품 등 의사 결정해야 할 것이 한둘이 아니다. 한 번 정하면 되돌릴 수 없어서 고민하느라 골머리가 썩는다.

인테리어 공사가 진행되면서 깨달은 것은 내가 상당히 어리석었다는 점이다. 나는 몰랐다. 내가 어떤 집을 원하는지 알지 못했다. '마음에 쏙 드는 집'을 갖고 싶었는데, 황당하게도 '마음에 쏙 드는 집'이 뭔지 몰랐다. 그러니 소신이란 게 있을 리 없다. 귀는 팔랑귀가 되고 생각은 조변석개로 바뀐다. 공사 중간에 마음에 안 들어 다시 뜯고 고치는 일도 많았다. 계획보다 기간이 길어지고 비용도 늘어났다.

우여곡절 끝에 공사는 마무리되었지만 내 마음속 인테리어는 여태 마무리되지 못했다. 이렇게 했더라면 더 좋았을 텐데 하는 후회가 가득하다. 돈 들여 인테리어를 했지만, 돈만 들인 인테리어가 되고 만 것이다. 지인들이 인테리어 노하우를 알려달라고 해서 이렇게 말해 주었다.

"그냥 도배만 하고 살아, 인테리어 잘된 집으로 이사를 가든가."

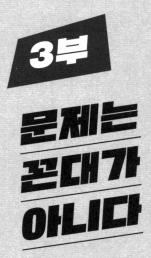

3부

문제는
꼰대가
아니다

아재가 아닌데,
세상은 이제 나를 아재라고 부른다.

나는 아재가 아니다

나는 아재라는 말이 싫다.
누가 그런 말을 만들었는지
멱살 잡고 항의하고 싶을 정도다.

아재처럼 보이기 싫어
앞주머니 없는 슬림 핏 셔츠를 고집하고
몸에 딱 붙는 골반 청바지를 즐겨 입는다.

아재처럼 보이기 싫어
웨이브 파마도 하고
6mm 투블럭으로 커트한다.

아재처럼 보이기 싫어
손에 드는 손가방이 아닌
등에 메는 백팩을 고집한다.

아재처럼 보이기 싫어

운동과 식단 조절로 뱃살을 줄이고
몸을 최대한 가벼운 상태로 유지하려 애쓴다.

혹시 누군가가 나를 아재라고 부른다면
나는 딴청을 부리거나 못 들은 척할 것이다.
혹시 누군가가 나를 아재 취급한다면
내가 얼마나 젊은 행동과 생각을 하는 사람인지 보여줘서
그가 생각을 고쳐먹게 할 것이다.

나는 과거에도 아재가 아니었고
지금도 아재가 아닌데,
한마디 상의 없이
어느 날 갑자기 아재가 되어 버린
현실이 서글퍼진다.

아재가 아닌데
세상은 이제 나를 아재라 부른다.
아재가 아닌데
아재라고 불러대니 별도리가 없다.

제대로 알기 전에는
절대 뭐라 하는 거 아니다

아이가 밤늦게 TV를 본다.
낼모레가 시험인데, 자정이 넘었는데
계속 TV를 시청하고 계신다.
보지 말라고 해서 안 볼 것도 아니고,
괜스레 서로 얼굴 붉힐 것 같고,
사춘기 아이 자극하면 안 된다 싶어
애써 참으며 잠을 청했다.

하지만 잠이 오지 않는다.
내가 예민한 건지,
TV 소리가 큰 건지,
속이 뒤집어져서인지는 몰라도
잠을 이룰 수가 없다.

참다 참다 폭발하는 짜증을 견디다 못해
방문을 벌컥 열고 한마디 하려는 순간,
아이 곁에서 더 열심히 TV를 보고 있는 아내.

아무 말 못 하고 냉수 한 컵만 벌컥 들이마셨다.

도대체 그것이 무엇인지 알아보기로 했다.

소통이 되려면 상대의 관심사를 알아야 한다고 하지 않는가?

그런데 이건 좀 심하다.

동네의 불량한 아이들이 다 모인 듯하다.

문신은 기본이다.

어디서 샀는지 도통 알 수 없는 옷과 장신구,

껄렁한 말투와 허세 쩌는 제스처,

한 마디로 완전 개싸가지!

기겁을 했다.

방송심의위원회에서는 도대체 뭘 하나 싶다.

저런 걸 방송으로 내보내니 요즘 청소년들이 이 모양이 아닌가?

쇼미더머니!

근데 어처구니없게도 말이지,

노래 한 곡 듣고는 마음이 달라졌다.

힙합이라는 새로운 세상에 눈을 뜨게 되었다.

한 대 쥐어박고 싶은 마음이 들었던 래퍼들이 달리 보인다.

천재가 따로 없다. 그들의 열정에 감동하게 되었다.

이후 〈쇼미더머니〉는 나의 최애 프로그램이 되었다.

그것이 무엇인지
제대로 알기 전에는
절대 뭐라 하는 거 아니다.

아재개그

아재개그가 인기다.

라디오에서 들은 아재개그를
친구들과의 술자리에서 해 보았다.

"무가 눈물 흘리는 것을 뭐라고 하게?"
"무뚝뚝… 푸하하하!"

이야기를 해주다가 그만
내가 먼저 웃음보가 터지고 말했다.
혼자 이야기하고
혼자 웃는 나!
자화자찬 개그가 이런 거 맞지?

주변 반응이 나를 죽일 것 같았다.
"고만해라~ 응!"
안 웃으면 그만이지,

굳이 승질을 낼 것까진 없잖아?

집에 왔더니 둘째 아이가 엄마한테 말을 건넨다.
"엄마! 무가 눈물을 흘리면 뭐라고 그러는지 아세요?"
엥? 웬 우연의 일치?

"무뚝뚝."
아이의 엄마가 빵 터졌다.
"에고, 우리 아들 센스 있네? 그런 걸 어디서 들었어?"

그렇다.
아재개그는 아재가 하면 안 되는 개그다.

아니다.
아재는 개그 자체를 하면 안 되는 존재다.

야!
너 담배 좀 사 와!

대학교 동문 선배로부터 전화! 번개 모임이란다. 나만 나오면 다 온다나? 갈까 말까? 가 봐야 술만 먹을 것 같고. 위도 안 좋은데, 술 먹으면 안 되는데.

대학 시절 동문회는 정말 악명이 높았다. 술로 시작해서 술로 끝났다. 술 마시다 기억을 잃고 길바닥에 쓰러진 일도 있었다. 객기도 그런 객기가 없다. 그땐 왜 그랬을까? 그땐 다들 왜 그렇게 살았을까? 이제 다들 나이도 있으니 예전 같지는 않겠지? 졸업하고 25년이나 지나지 않았나? 세월의 변화를 믿고 서둘러 택시에 올랐다. 졸업한 대학교 앞 허름한 주점. 불길한 예감은 항상 틀리지 않는다. 도착하자마자 인사를 나눌 새도 없이 추억을 소환하는 한 마디!

"후래자後來者 삼배!"

이 얼마 만에 듣는 소리인가? 행위는 싫지만 소리는 반갑구나! 타임머신 한 번 탔다 생각하자. 소주 맛은 예나 지금이나 한가지다. 취기와 함께 과거 대학 시절로 훅 빨려 들어간다. 술은 옛이야기를 부르고, 옛이야기는 다시 술을 부른다. 그렇게 모두가 푹 젖어 드는데, 한 선배의 말 한마디에 현타가 밀려온다.

"야! 너 담배 좀 사 와!"

이게 웬 망발인가? 이건 도저히 못 받아들이겠다. 저 인간은 대체 어느 시대 사람인가? 나이 오십에 담배 심부름을 하라니. 그래, 맞다! 세상이 다 변해도 변치 않는 것도 있어야지! 그 맛에 인생 사는 거지! 나이 오십에 기꺼이 담배 심부름을 한다.

"형, 담배 사 왔어요."

홈쇼핑

체질적으로 쇼핑을 싫어한다. 쇼핑도 여러 종류가 있는데, 그 가운데에서도 홈쇼핑이 특히 싫다. 가뜩이나 쇼핑에서 해방되고 싶은데, 집구석에서까지 쇼핑을 하는 모양새가 마음에 들지 않는다.

어느 날 집 안에 혼자 남겨진 채 TV를 시청하고 있었다. 채널은 셀 수 없을 만큼 많은데 볼만한 프로그램이 없다. 리모컨을 툭툭 돌릴 때마다 만나게 되는 홈쇼핑 채널. 한 칸 건너 홈쇼핑이다. 당최 피해 갈 수가 없다. "뭔 놈의 홈쇼핑 채널이 이리도 많아?" 하며 투덜대며 넘어가려는 순간, 뭔가 긴박하게 돌아가는 분위기가 심상치 않다. 놓치면 손해 보는 일이 생길 것 같아 잠깐 멈춰 서는 우를 범하고 말았다.

방송 최저가 찬스!
다시 만날 수 없는 최적 구성!
매진 임박!
5분 후 종료!
…

슬슬 빠져든다. 심박 수가 빨라진다. 일 분밖에 안 남았다고 한다. 다시는 못 만날 기회란다. 지름신이 찾아온다. 홀린 듯 휴대폰을 집어든다. 신속하게 주문을 넣어야 한다. 뭘 살 때 이렇게 급해 본 적이 없다. 방송 종료와 동시에 버저비터! 기가 막힌 타이밍으로 주문에 성공했다. 브라보! 뭔가 해낸 것 같은 뿌듯함에 사로잡힌다.

얼마 후 웬 택배 박스 하나가 집에 도착했다. 집 나갔던 제정신이 돌아온다. 이게 뭐지? 내가 무슨 짓을 한 거지? 보게 되면 관심 갖게 되고, 오래 보면 사게 된다. 홈쇼핑의 정체를 다시 확인하고 나니, 홈쇼핑이 두려워졌다.

하고 싶은 말

나이가 들수록
하고 싶은 말이 생길 때를 조심해야 한다.
나이가 들수록
하고 싶은 말이 많아지기 때문이다.
하고 싶은 말을
하고 싶은 대로 할 때
꼰대가 된다.

하고 싶은 말이 생기면
차라리 곁에 사람을 두지 않는 편이 낫다.

혼자서 산책을 하든지
혼자서 카페에 가든지
혼자서 등산을 가든지
혼자서 술을 마시든지
혼자 존재하는 공간에서
혼잣말로 중얼중얼 실컷 떠드는 게 차라리 낫다.

어차피 상대는 내 말을 듣지 않는다.
누구도 듣지 않을 말이라면
차라리 혼잣말이 낫지 않겠는가?

혼자서 하고 싶은 말을 하면
말하고 싶은 욕구도 해소할 수 있고
상대방도 피곤해질 일이 없으니
얼마나 좋은 방식인가?
일거양득이다.

혹시 아는가?
이러다가 누군가 다가와
내 생각을 물어볼지.

이때 나는 이미 준비된 메신저다.
혼잣말을 통해
멋지게 다듬어진 생각과
세련된 문장을 다량 확보하고 있을 테니.

까방권

앞으로 뭐 하지?
앞으로 뭐 하고 살지?

치킨집?
편의점?
카페?
택시 드라이버?
…

이런 거 말고 다른 건 없나?
정말 없나?
없다!
생각나는 게 없다.

그동안 뭐 한 거지?
뭘 하고 살았길래
이리도 대책이 없을까?

너무 그러지 마라.
그만큼 했으면 된 거다.
네가 대책이 없는 게 아니라
대책 없는 세상에 네가 살고 있는 거다.

이거 받아!
까방권이야!
까방권을 가지고 있으니
아무도 너한테 뭐라고 하지 않을 거야.
스스로에게 너무 모질게 그러지 마.
그동안 할 만큼 했잖아.

차라리
키오스크

식당에 가면 종종 결정 마비 증세가 일어난다. "뭐 먹지? 뭐 먹지?" 메뉴판을 들고 뜸을 들인다. 고생한 나를 위해 작은 선물과 같은 음식을 대접하고 싶어서다. 이런 나의 마음을 알 바 없는 알바 종업원은 나를 기다려주지 않는다. 메뉴를 결정하고 고개 돌려 주문하려는 순간, 그는 이미 내 곁에 없다. 그가 다시 오기를 기다린다. 시간이 왠지 길게 느껴지고, 한참 후 그가 느릿느릿 다시 다가온다. 왠지 속으로 이런 말을 하는 것 같다. '뜸 들이면 나 또 간다.' 입맛을 잃고 말았다.

다음 날, 식사하러 또 식당에 간다. 어제 갔던 그 식당은 머릿속에서 지운다. 메뉴는 더 이상 중요하지 않다. 마음 편한 곳이 제일이다. 다정하게 대해주는 곳이 최고다. 순간 한 곳이 눈에 꽂힌다.

키오스크!

익숙하지도 않고, 인간미가 느껴지지 않아, 그냥 걸렀던 키오스크. 차라리 낫다. 인간미 없는 인간을 만날 바에는, 인간미 없는 로봇

이 차라리 나은 것이다. 앞으로 키오스크를 선택하는 일이 많아질 것 같다. 인간에게마저 외면받고 무시당하는 삶의 리스크만큼은 피하고 싶다.

페북의
추억 소환

페북이 가끔 추억의 사진을 소환한다.
1년 전, 2년 전, 3년 전에
내가 올린 사진을 다시 내게 보여준다.
그걸 보며 지금 어떤 생각이 드는지도 묻는다.

근데 미안해서 어쩌지?
아니 민망해서 어쩌지?
생각은커녕,
모조리 지워버리고 싶은데.

누가 다시 볼까 겁난다.
이미 충분히 많은 사람들이 보고
비웃고 손가락질했을 텐데.

관종에 구속되어버린 나는
오늘도 또다시 페북에 내가 아닌 나를 올린다.
1년 후, 2년 후, 3년 후에

페북이 필시 또다시 소환할 텐데
그때 나는 무엇을 느낄까?

과거의 내가 현재의 나에겐
그저 어리고 어리석은 존재인 것처럼,

현재의 나는 미래의 나에겐
여전히 어리고 어리석은 존재일 것이다.

DOC와 춤을

DJ DOC의 'DOC와 춤을'이라는 노래가 있다.
이 노래에서 내가 가장 좋아하는 가사를 소개한다.

청바지 입고서 회사에 가도
깔끔하기만 하면 괜찮을 텐데
여름 교복이 반바지라면
깔끔하고 시원해 괜찮을 텐데

1997년에 발매되었던
아주 까마득한 과거의 노래다.

그런데 1997년에는
정신 나간 소리로 들렸던 노래 가사가
지금은 너무나 완벽한 현실이라는 점이다.
당시 DJ DOC는 제멋대로 행동하고
때로는 막 나가는 사고뭉치처럼 보였다.
즐겨 듣긴 했어도 그들의 노래 가사처럼

세상이 바뀔 거라는 생각은 전혀 해 본 적이 없다.

수많은 전문가들이 미래 예측을 한다고 하지만

DJ DOC를 당할 자는 없을 듯하다.

누가 과연 20년 후의 미래 세상을 이렇게 정확히 예측할 수 있겠는가?

말도 안 되는 이야기,

특히 귀에 거슬리는 이야기일수록

더 열심히 들어야 하는 세상이다.

실화 같지 않은 일들이

비일비재하게 생겨나는 세상이 아닌가?

문제는
꼰대가 아니다

"회사에서 소통이 안 되는 사람들은 어떤 특징을 가지고 있습니까?"

한 회사의 주니어 직원에게 던진 질문이다. 이에 아주 재밌는 답변이 나왔다. 회사에서 소통이 안 되는 사람의 특징은 세 가지라고 한다. 이 글을 읽는 당신은 몇 가지나 해당하는지 체크해보자.

첫째, 40세 이상
둘째, 남성
셋째, 직급이 높은 사람

그리고 이 세 가지 특징을 동시에 가진 사람을 하나의 단어로 표현한다면?

"꼰대"

이 세 가지 특징을 가진 사람이라면 스스로 꼰대임을 자각해야 한다. 자, 다음의 글을 따라 읽어보자.

"나는 꼰대다!"

스스로 '꼰대'임을 인정하게 되면 '꼰대 짓'을 덜하게 된다.
세상은 빠르게 변한다. 나이가 들면서 꼰대가 되는 것은 어쩔 수 없다. 일종의 자연 현상이다.

문제는 꼰대가 아니다.
진짜 문제는 누가 봐도 꼰대인데,
스스로는 쿨하다고 착각하는 사람이다.

꼰대 정신

꼰대 정신은
자신이 말하고자 하는 것을
눈치 보지 않고 말하는 정신이다.

꼰대 정신은
상대가 듣기 싫어하는 말도
굴하지 않고 꿋꿋하게 말하는 정신이다.

꼰대 정신은
상대가 말하고 있을 때도
과감하게 중간에 끊으며 말하는 정신이다.

꼰대 정신은
답을 이미 정해놓고
상대방을 설득하는 정신이다.

꼰대 정신은
상대방이 말을 듣지 않으면
버럭 승질을 내며 말하는 정신이다.

꼰대 정신은
심지어 자기가 이미 했던 말도
개의치 않고 또다시 말하는 정신이다.

꼰대 정신은
자기가 한 말에 자뻑에 빠져
무아지경 상태에서 말하는 정신이다.

꼰대 정신은
모르는 것도 마치 잘 아는 양
뻔뻔한 표정으로 말하는 정신이다.

꼰대 정신은
어쩌다 주워들은 이야기도
혼과 철학을 담은 듯 말하는 정신이다.

노안의 의미

노안이 왔다.

가까이에 있는 글씨가 잘 안 보인다. 가슴이 갑갑해진다. 나이가 들수록 뭐든 나빠지는 것이긴 한데, 눈이 나빠지면 일상의 매 순간이 불편해지기에 무엇보다 타격이 크다.

몽골 사람들은 안경을 낀 사람들이 없다고 한다. 늘 먼 초원을 바라보고 살기 때문이라고 한다. 안과 의사가 말한다. 눈은 먼 곳을 보면 회복이 되고, 가깝고 작은 것을 보면 피로해진다고. 지갑은 잃어버리는 경우가 있어도 스마트폰을 잃어버리는 법은 없다. 늘 그것을 쳐다보고 있으니까. 굳이 안 봐도 되는 것까지 본다. 쓸데없는 걸 너무 많이 보게 된다. 그러다 보니 삶에서 정작 정말 중요한 것은 보지 못한다.

그러고 보니 차라리 노안이 반갑다.
노안은 꼭 봐야 할 것만 보고 살라는 몸의 신호다.

요즘 애들 같지 않아!

요즘 애들 같지 않은 젊은 친구를 보곤 한다. 희귀템과 같은 그런 친구를 만나게 되면 왠지 흐뭇해지고 믿음직스럽고, 그의 앞날에 대한 기대감도 생긴다. 누군가가 우리 아이에 대해 "요즘 애들 같지 않아요."라고 말해준다면 그날 나는 하루 종일 우쭐댈 것이다.

문득 궁금해진다. "요즘 애들 같지 않다?" 무슨 의미일까? 어라? 옛날 애들 같다는 뜻이 아닌가? 갑자기 좋은 말로 들리지 않는다.

요즘 애들 같지 않은 젊은 친구가 유독 마음에 드는 이유는 무엇일까? 그렇다! 나랑 비슷하기 때문이다. 나와 비슷한 구석이 많기 때문이다.

"요즘 애들 같지 않아!"

또다시 생각해보니 나와 닮지 않은 요즘 애들은 마음에 안 든다는 말로도 해석이 된다. 한숨이 쏟아진다. 나는 아직도 어쩔 수 없는 옛날 사람이구나.

푸시업 30개

아이가 동네 농구 클럽에서 농구 레슨을 받는다. 총 한 시간 동안 진행되는데, 삼십 분 기본기 연습 후 두 팀으로 나눠 경기를 한다. 경기에서 지는 팀의 팀원들은 푸시업 30개를 벌칙으로 수행해야 한다. 아이들은 승부욕이 강해서인지, 벌칙을 당하지 않기 위해서인지 죽기 살기로 뛴다. 결국 내 아이가 포함된 팀이 경기에 졌고, 벌칙으로 예고됐던 푸시업 30개를 해야만 했다.

집으로 가는 길, 경기에 진 것도 속상한데 푸시업까지 했다며 아이 입이 삐쭉 나와 있다. 한편으로 나는 입가에 번지는 미소를 감출 수 없었다. 분개하는 아이 앞에서는 차마 표현은 못했지만, 나는 속으로 앞으로의 경기에서도 계속 지기를 바랐다. 어차피 건강해지기 위해서 운동을 하는 거고, 경기에 지게 되면 푸시업 30개라는 운동을 추가로 할 수 있으니 말이다. 또한 푸시업 30개를 꾸준히 하다 보면 힘이 좋아져서 다음 아니면 그다음 농구 경기에서는 승리할 수 있을 것이다.

나는 그간 인생에서 일이 뜻대로 되지 않았을 때 무엇을 하고 살았는지 잠깐 생각해보았다. 따져 보니 인생에서의 진짜 심각한 문제는, 일이 뜻대로 되지 않아서가 아니라 일이 뜻대로 되지 않는다고 내가 선택한 행동으로 생겨나는 경우가 많았다.

일이 뜻대로 되지 않을 때, 나는 무엇을 하는 것이 좋을까?
우리 아이처럼 나도 푸시업이라도 30개씩 해야겠다.
일이 뜻대로 안 될수록, 나는 더 건강해지는 것이다.

문신

문신이 유행이다. 개성을 표현하는 수단으로 남녀를 불문하고 점점 확산되고 있는 듯하다. 예전에 문신은 곧 조폭을 상징했다. 가끔 목욕탕에서 문신을 한 사람을 만나면 가급적 그를 바라보거나 눈을 마주치는 행위를 해서는 안 되었다. 행여 시비라도 걸까 봐 근처에 갈 수도 없었다. 우연히 그가 내 곁에 앉기라도 하면 아무렇지도 않은 척 자연스럽게 그의 반경에서 벗어나는 혼자만의 비밀 미션을 수행해야 했다.

세상이 바뀌었다. 이제는 곳곳에서 문신한 사람들을 쉽게 만날 수 있다. 시기와 크기의 문제일 뿐, 결국 젊은 친구들은 다 하는 추세로 가지 않을까 싶다. 문신이 일상이 되어버린 현실에서 이제 남는 건 문신을 바라보는 나 자신의 시각이다.

문신에 대한 편견이 너무 오래 전부터 강력하게 형성되어 버린 나머지, 여전히 문신을 이해하지 못한다. 삶의 트라우마처럼 여전히 문신한 사람을 보면 많이 불편하다. 누구나 다 하는 문신이지만, 심지어 주변의 가까운 사람들도 선택하는 문신이지만, '문신=조폭'이라는 오래된 편견은 내 인식 속에서는 여태 깨지지 않고 있다.

이 오래되고 강력한 편견을 지울 수 있는 유일한 방법이 있다. 직접 해 보는 것이다. 내 몸에 문신을 새겨 넣는 것이다. 내 몸에 문신을 한다면 무엇이 좋을까? 인생의 버킷리스트 중 하나다.

휴먼 아재체

'휴먼 아재체'라는 문체가 있다고 한다. SNS 문자 소통 시에 특징적으로 나타난다고 한다. 주로 아재들이 많이 사용하는 문체라서 '휴먼 아재체'라고 한다. 특히 다음의 세 가지 문자적 특성을 가지고 있다고 한다. ~~(물결), ^^(웃음), …(점점)

죄지은 것도 아닌데 갑자기 뜨끔해진다. 그동안 버릇처럼 휴먼 아재체를 사용하고 있었던 거구나. 내가 보냈던 수많은 문자들이 내가 아재임을 증명하고 있었던 거구나. 내가 보냈던 수많은 문자들을 통해 상대는 내가 아재임을 확인하고 있었던 거구나. 잠깐 생각해보았다. 내가 문자를 보낼 때 무슨 이유로 위의 세 가지 표식을 사용하는지.

그것은 배려다. 상대를 위한 작은 배려다. 내가 보낸 메시지가 상대에게 딱딱하고 삭막해보일까 봐, 혹시 내 감정이 불편한 건 아닌지 상대가 오해할지 몰라서, 나아가 상대에 대한 나의 호감을 표현하기 위해 배려하는 마음으로 신경 써 적어 넣은 것이다.

휴먼 아재체를 알게 되고 내가 휴먼 아재체의 주범(?)이라는 걸 알고 나니 고민이 된다. 내가 아재임이 들통날 수 있는 위험을 무릅쓰고 '휴먼 아재체'를 계속 사용해야 할지 말지 망설여진다.

그냥 쓰기로 했다. 설령 내가 아재임을 인증하는 한이 있더라도 휴먼 아재체를 그냥 사용하기로 했다. 그간 내가 세상살이를 통해 배워온 사람에 대한 최소한의 에티켓을 표현하기 위한 것이기에, 누가 뭐라 해도 휴먼 아재체를 기꺼이 사용하기로 했다.

당구가
유행이라고?

당구가 다시 유행이라고 한다. 유행은 돌고 도는 거라지만 당구가 다시 유행할지는 정말 몰랐다. 미세먼지로 실내 스포츠가 각광 받고 있는 데다, 몸에 무리를 주지 않으며 걷고 서 있게 하며, 다양한 동작으로 유연성을 발휘하게 하는 당구가 건강 운동으로 재평가받고 있기 때문이라 한다.

오래전 학교 다닐 때, 어디 갈 데도 없고 마땅한 놀 거리도 없어서 자연스레 선택했던 것이 당구였다. 당시 당구는 그리 좋은 이미지는 아니었다. 심지어 고등학생은 당구장 출입 금지였다. 당구장에서 적발되는 고등학생은 학생부에 끌려갈 정도였으니까. 믿을 수 없는 이야기지만 그땐 그랬다.

과거 당구장은 지역사회 커뮤니티라 해도 과언이 아니었다. 당구장을 방문하는 다른 손님들과도 스스럼없이 어울렸다. 옆 테이블의 처음 보는 사람들에게 2:2 게임을 제안하여 함께 게임을 즐겼다. 짜장면을 시켜 먹고 담배도 나눠 피우며 말이다. 술자리를 함께하는 경우도 종종 있었다. 당구장에 가면 당구장 스타도 있었다. 당구 고수가 큐대를 손에 드는 날이면 자연스레 사람들이 모여 갤러리 분위기가 연출되곤 했다. 감탄하고 환호하면서 말이다.

당구가 다시 유행한다고 하니, 그 시절의 당구장 문화가 그리워진다. 당구가 다시 유행한다고 해도 그때 그 시절 당구장 커뮤니티 문화는 아닐 것이다.

나이가 들면
사라져가는 것

나이가 들면 우리 삶에서 사라져가는 것들이 많아진다. 꿈, 기력, 건강, 머리카락, 기억력, 시력, 체력, 어르신, 피부의 윤기, 옷맵시 등등.

많은 것들이 사라져가지만 누구에게나 공통적으로 사라지는 한 가지가 있다. 그것은 바로 '피드백'이다. 나이가 들수록 주변 사람들이 나에 대한 솔직한 이야기를 해주지 않는다는 말이다.

젊고 어린 시절에는 내가 원하든 원하지 않든 나에 대해 이런저런 피드백을 해주는 사람이 많았다. '이거 해라~ 저거 해라~' '이런 건 고쳐라~ 저런 건 고쳐라~' 듣기 싫었고 때로는 지긋지긋한 잔소리와 같았지만 알게 모르게 이런 말들이 나의 생각 창고에 차곡차곡 쌓여 삶의 자양분으로 작용했을 것이다.

그런데 이제는 말해주는 사람이 없다. 나에게 진실한 피드백을 해주는 사람이 없다. 말해줘 봐야 소용이 없어서일까? 아니면 뭔가를 말해줄 정도로 중요한 사람이 아니어서일까?

나이가 들면 고집이 세진다고 한다. 그 이유를 이제야 비로소 알겠다. 피드백이 사라지면서 자신을 객관적으로 보는 기회를 상실하는 것이다. 고집쟁이가 되면 아무도 곁에 있으려 하지 않을 테니, 그 결과로 인생이 외로워지는 것일 게다.

주위 사람들에게 늘 물어봐야겠다.

"혹시 제가 고쳐야 할 점 한 가지만 말씀해주세요."

잘 대답해주지 않을 테니 간청을 해야겠다. 그리고 용기 내어 쓴소리를 해주는 사람이 있다면 다음의 감사 표현을 잊지 말아야겠다.

"말씀해주셔서 정말 고맙습니다. 달게 알아듣겠습니다."

버스가 지하철보다
좋은 이유

나는 지하철보다는 버스가 더 좋다. 그 이유는 다음의 여섯 가지다.

첫째, 버스에서는 바깥세상을 볼 수 있다. 버스 창밖을 통해 세상의 다양한 모습들을 한껏 만끽할 수 있다. 이런저런 세상의 모습을 찬찬히 보다 보면 시간 가는 줄 모른다. 요즘은 2층 버스도 많아져서 높다란 공간에서 세상을 내려다볼 수 있다. 꽤나 괜찮은 경험이다. 마치 관광이라도 온 것 같은 기분이다. 지하철에 있으면 볼 거라곤 고작 객차 내부밖에 없다. 답답해서 밖을 내다봐도 온통 시커먼 세상이다. 심지어는 보고 싶지 않은 광고까지 봐야 한다.

둘째, 버스는 지하철만큼 빠르다. 지하철은 지하의 정해진 선로를 통해 막힘없이 움직이기 때문에 확실히 빠르다. 하지만 버스도 만만치 않다. 버스는 어떤 교통상황에서도 오로지 버스만을 위해 존재하는 버스 전용차로가 있다.

셋째, 버스 정류장은 지상에 있다. 지하철을 이용하려면 반드시 지하로 내려가야 한다. 오르락내리락 계단을 이용해야 하고 미로와도 같은 지하세계에서 헤매야 한다. 반면 버스 정류장은 눈에 보이는 지상에 있어 오르락내리락하는 수고를 거치지 않아도 된다.

넷째, 버스는 지하철보다 앉아 갈 확률이 높다. 지하철은 서서 가는 구조로 설계되어 있다면, 버스는 앉아서 가는 구조로 설계되어 있다. 서서 가더라도 버스정류장을 지나면서 앉게 될 확률이 높아진다. 요즘은 버스의 빈 좌석까지 사전에 안내받을 수 있기 때문에 더욱 편하게 이용할 수 있다.

다섯째, 버스 정류장은 지하철과는 비교할 수 없을 만큼 많다. 지하철 역이 없는 동네는 많아도 버스 정류장이 없는 동네는 없다.

마지막으로 내가 지하철보다도 버스를 좋아해야 하는 결정적 이유가 하나 있다. 이런 이야기까지는 안 하려고 했는데, 우리 동네에는 지하철이 안 들어오기 때문이다. 그래서 나는 버스를 좋아할 수밖에 없다. 이런 걸 정신승리라고 한다.

65세까지는
청년이란다

UN이 재정립한 평생 연령 기준이 있다고 해서 찾아보았다.

0세~17세: 미성년자
18세~65세: 청년
66세~79세: 중년
80세~99세: 노년
100세 이후: 장수 노인

듣던 중 반가운 소리다.
출처에 대한 의심 없이 그냥 믿고 싶다.
누가 뭐래도 UN에 따르면
나는 청년인 것이다.

더군다나 65세까지는 아직도 한참이니
앞으로도 오랫동안 청년이다.
근데 다른 사람들도 이걸 알려나?
이걸 나만 알고 있으면 안 되는데.

아니, 내가 세상에 알려야겠다.
나는 현재 당당한 청년이고
앞으로도 오랫동안 청년이라는 사실을.
그래서 그들이 앞으로 나를
청년이라고 생각하고 대할 수 있도록.

엄근진 탈출

엄근진이라는 말이 있다.
엄격, 근엄, 진지의 약자라 한다.
뜬금없이 왜 이런 말이 세상에 생겨났을까?
무슨 말을 전하고 싶은 걸까?

엄근진은 내가 자라온 세상이다.
살벌한 세상, 인간미 없는 사람들.
그 속에 알몸으로 던져진 나.

엄근진은 나의 삶의 방식이다.
매사에 철저하고 실수를 용납하지 않으며,
세상이 나를 쉽게 대하지 못하도록 가벼이 보여서도 안 되며,
늘 경계감 가득한 얼굴로
험한 세상에 버티고 맞서며 살아왔다.

엄근진한 세상에서
엄근진하게 세상을 살았으니

엄근진은 너무 익숙한 나의 삶의 방식이다.
너무 익숙한 삶의 방식이기에
엄근진이라는 신조어가 더욱 생소하게 들린다.
왜 이런 말이 만들어졌는지 알 길이 없기에.

어느 날 가만 생각해보니
나 같은 사람 들으라고 하는 말이었다.

엄근진의
엄근진에 의해
엄근진을 위해 살아온 나!

이런 나를 이제 세상이 멀리한다.
다가오지도 않고, 다가가면 불편해하고 힘들어한다.
엄근진한 내가 문제일까?
더 이상 엄근진하지 않는 세상이 문제일까?

내가 문제인지, 세상이 문제인지 알 수 없지만
이제 나는 엄근진으로부터 탈출하려 한다.

외로워서
도저히 살 수가 없기에.

꼰대의 어원을 찾아서!

꼰대! 도대체 이런 짜증 나는 말은 누가 만든 거야? 어떤 시키가 이런 말을 만들어서 사람을 피곤하게 하는 거야? 무슨 뜻인지나 알아야겠다. 무슨 뜻인지나 알고 들어야 할 거 아냐? 검색 시작!

허걱! 번데기의 영남 사투리인 '꼰데기'에서 유래되었다 한다. 쭈글쭈글 번데기를 닮았다는 말이잖아? 그 정도는 아니거든. 설사 그렇다 쳐도 요즘이 어떤 세상인데 이런 외모 비하적 표현을 사용하는 거지? 용납할 수 없다. 도덕적으로 문제가 있는 표현이다.

이건 또 뭐야! 프랑스어로 콩테Conte를 일본식으로 '꼰대'라고 부른다는 설이다. 일제강점기 때 친일파들이 백작 작위를 수여받으면서 스스로를 '꼰대'라 자랑스럽게 칭했다고 한다. 꼰대라는 말이 그럼 나라를 팔아먹은 친일파라는 말인 거야? 모욕적이다. 누가 나를 꼰대라고 부른다면 명예훼손으로 소송을 불사할 것이다.

설마 아니겠지? 꼰대가 저 정도로 나쁜 말은 아닐 거라고 생각해! 그러기에는 우리가 너무 많이 사용하는 말이잖아. 분명 다른 게 있을 거야. 아니 다른 게 있어야만 해!

다행이다. 다른 게 하나 있긴 있다. 옛날 어르신이 사용하는 '곰방대'에서 유래되었다는 설이다. 가만 보자! 이건 스타일에 관한 얘기다. 쉽게 말해 스타일에서 옛날 냄새가 난다는 말이다. 좀 억울하긴 하지만 부인할 수는 없지. 먹고사느라, 가족 챙기느라 스타일 같은 거에 신경 쓸 여유나 있었나? 마음엔 안 들지만 그래도 앞의 것들보단 조금 낫다 싶다. 스타일에서 나이가 든 티가 나면 '꼰대'라는 거지? 그래! 그렇다 치자!

피곤해서 돌아서려는 찰나! 어라? 이건 뭐지? 하나가 더 있네? 요즘 잘나가는 아이돌 그룹 '스트레이키즈'가 부른 노래 'Gone Days' 와우! 이건 완전 신박한데? 그렇지! 이 말이 공평하지! 지나간 날들을 못 잊고 옛날 이야기하는 사람들이 'Gone Days'다. '스트레이키즈' 너네 진짜 마음에 든다. 옛날 얘기를 즐겨하는 사람들은 누구나 꼰대가 될 수 있다는 거잖아. 옛날 이야기를 안 하면 꼰대가 아닐 수 있다는 거고.

참 좋을 때다!

나보다 어린 사람을 만나면
나도 모르게 터져 나오는 말이 있다.

"참 좋을 때다!"

그가 현재 처한 상황이 어떻든 그것과는 상관이 없다.
그의 입장에서는 속 모르는 말일 수 있지만 어쩌겠는가?
그가 가진 나이와 젊음이
한없이 좋아 보이고 부럽기만 한 것을.
무엇으로도 바꿀 수 없는 것을
그가 한껏 누리며 살면 좋겠다는 바람을 갖는다.

"참 좋을 때다!"

내가 입버릇처럼 이 말을 반복하는 이유는 무엇일까?
아마도 과거의 나의 삶에 대한
후회와 미련이 있기 때문일 것이다.

십 년 후의 내가 타임머신을 타고 와서
현재의 나를 만난다면 뭐라고 할까?
아마도 같은 말을 하지 않을까?

"참 좋을 때다!"라고.

십 년 후의 내가
현재의 나를 찾아와
지금이 인생의 황금기이니
후회와 미련이 없는 삶을 살라고 한다.
한껏 누리며 살라고 한다.

내가 요즘 세대에게
부러운 것

오랫동안 회사 생활을 함께했던 지인의 소식을 전해 들었다. 공황장애로 휴직을 했다는 것이다. 엘리베이터나 회의실 같은 좁은 공간에서 발작이 일어난다고 한다. 의외였다. 내가 아는 그는 누구보다도 외향적이고 활달한 사람이었다. 스트레스도 남들보다 훨씬 덜 받는 사람이었다. 그도 자신의 병이 너무 의아하다고 하였다. 의사와 상담하면서 비로소 병의 원인을 알게 되었다고 한다.

"너무 오랜 세월 동안 할 말을 하지 못하고 살았어요. 젊었을 때는 그래도 견뎌졌나 봐요. 나이가 들면서 결국 터져버린 거죠."

하고 싶은 말을 하지 못하면 가슴이 답답해진다. 이러한 답답함은 결코 어디 가지 않고 가슴속 깊은 곳에 차곡차곡 쌓이고 점점 수위를 높여간다. 종국에는 임계점에 도달하게 되고, 이후 더해진 자극에 의해 결국 폭발하고 만다. 오죽하면 하고 싶은 말만 하고 살아도 병이 낫는다는 옛말이 있을까?

내가 요즘 세대에게 부러운 것이 하나 있다. 그들은 주변의 눈치를 보지 않는다. 참는 게 미덕이었던 과거 세대와 달리 주변 이목을 크게 신경 쓰지 않는다. 가끔 맹랑하고 버릇없으며 세상 물정 모르는 이들도 보인다. 하지만 그들을 보면서 나는 자유를 느낀다. 적잖이 당황하면서도 무시하고 억눌러왔던 삶의 소중한 가치 하나를 간접적으로나마 만끽한다.

맞아, 저렇게 사는 게 맞지! 저렇게 살아도 되는 게 맞지!

지금 내 가슴속에는 세상 밖으로 떠나지 못한 채 생매장되어버린 수많은 말들의 무덤으로 가득하다.

갱년기가
사춘기를 만날 때

무기력하고 짜증 나는 일이 많다. 무엇을 위해 살아왔는지 무엇을 하며 살아가야 할지 알지 못한다. 나를 지탱해왔던 오랜 믿음과 삶의 방식이 부질없다. 얼굴은 화난 듯 굳어 있고, 작은 것에도 쉬이 화가 나고, 모든 게 귀찮아 아무도 없는 공간에서 그저 혼자이고 싶을 따름이다. 이런 나를 보며 누군가 성의 없이 말한다.

"갱년기라서 그래!"

나와 비슷한 증세를 가진 자가 있다. 나처럼 무기력해 보이고 짜증내는 일이 많다. 뭘 하려고 하지도 않고, 뭘 하며 살려는지 앞날에 대한 고민도 없다. 얼굴은 늘 구겨져 있고, 뜬금없이 화부터 내고, 밥먹을 때 빼고는 방구석에 처박혀 밖으로 나오려 하지 않는다. 이런 그를 보며 주변에서 걱정 어린 표정으로 말한다.

"사춘기라서 그래!"

갱년기와 사춘기는 증세가 비슷하다. 서로 상태가 안 좋기로는 똑같다. 그래서 갱년기가 사춘기를 만날 때는 주의가 필요하다. 쉽게 트러블이 발생할 수 있으니 가급적 멀찌감치 떨어져 있는 게 좋다. 불편해질 수 있는 일로는 말을 섞지 않는 게 좋다. 혼자만의 시간을 갖고 싶어 하니 지나친 관심은 금물이며 서로의 영역은 터치하지 않는 게 좋다.

다행인 것은 갱년기는 사춘기와 증세가 흡사하므로 사춘기 상태를 이심전심으로 이해할 수도 있다는 점이다. 갱년기는 성숙기에서 노년기로, 사춘기는 아동기에서 성숙기로 신체적인 변화가 일어난다. 맞게 되는 세상은 서로 다르지만 낯선 세상의 입구에서 처음 겪는 혼란, 망설임, 두려움으로 힘겨워한다는 점은 똑같다. 동병상련의 마음을 갖는다면 갱년기는 사춘기의 깐부가 될 수도 있다. 테스토스테론의 장난으로 발생하는 생리 현상으로 받아들인다면 시간이 유일한 해결책이라는 해답도 찾을 수 있다.

그런데 갱년기가 슬픈 이유는 갱년기는 사춘기에게 최선을 다하는데, 사춘기는 갱년기에게 별 관심이 없다는 것이다.

우리끼리라도
놀아야지

오랜 친구와의 모임에서
한 친구가 솔깃한 제안을 한다.
더 늦기 전에
더 아프기 전에
더 자주 만나자고 한다.

나이가 쉰을 넘어서니
고혈압, 고지혈증, 지방간, 통풍, 노안, 당뇨, 위염 등등
세상에 존재하는, 그저 남 얘기인 줄로만 알았던 성인병들이
순서라도 정한 듯 하나씩 찾아온다.
고된 세상살이에 대한 훈장이라도 되는 줄 아나 보다.

"멀쩡할 때 많이 놀아야지!"

만장일치로 반기 1회 여행을 함께 떠나기로 했다.
바다를 보고 싶으면 바다를 보고,
산을 오르고 싶으면 산에 오르고,

맛난 음식을 먹고 싶으면 함께 먹으러 가기로 했다.

이젠 다들 주말에 할 일이 없는 모양이다.
아이들도 다 커서 집안에서의 존재감이 예전 같지 않은 모양이다.
집 안에 있어달라고 보채는 사람이 더 이상 없는 모양이다.

거참 잘됐다.
힘이 붙어 있을 때 놀아야지.
이제 더 이상 붙드는 사람이 없는
우리끼리라도 놀아야지.

그 옛날 다들 홀로 자유로울 때
함께 신나게 놀았던 그 시절처럼 놀아야지.

우리끼리라도 놀아야지.

4부

쉰 살이 넘으면 모두가 시인이 된다

반백 년의 생각은 철학이고
반백 년의 마음은 심리학이다.

세상사

경험하지 못하면
알지 못한다.

경험하게 되었으니
알게 될 것이다.

경험했음에도 알지 못한다면
도리가 없다.

옛 친구를 만나면
슬퍼진다

초등학교 동창회에 나갔다가 그 시절 깐부를 만났다.
수십 년 만에 처음이다.

잠시 몰라봤다가
자세히 살펴보니
내가 알던 그 친구다.

너무 반가운 나머지
힘껏 안으려다가
그의 얼굴에 드리워진 세월의 자국에 놀라
살짝 뒤로 물러선다.
그리고 내가 아는 그가 맞는지 다시 확인한다.
맞긴 한데
싱크로율이 그리 높지 않다.
여기저기가 패이고
이것저것이 덧입혀져
형질이 바뀌어버린 얼굴이다.

인사말을 건넨다.

"너 하나도 안 변했어."

"너도 하나도 안 변했어."

서로 전혀 마음에도 없고 공감도 안 되는 인사말을 주고받는다.

수십 년 만의 첫 인사가

"너 어쩌다 이렇게 됐어?"라고 할 수는 없지 않은가?

옛 친구를 만나면

반가운 마음만큼 슬퍼지는 이유가 무엇일까?

아마도 서로의 얼굴을 통해

충격적으로 변해버린 자신의 얼굴을 확인해서일 게다.

동창회는 반가운 모임이다.

하지만 반가운 만큼 슬퍼지기에

안 나오는 친구들이 많은 모양이다.

다음 동창회가 망설여진다.

반가움에 앞서

또 슬퍼질까 봐.

세상에서
가장 힘든 일

세상에서 가장 견디기 힘든 일이 있다면
바로 아이가 아플 때다.

아이가 아플 때는
아무것도 생각나지 않는다.
아무것도 손에 잡히질 않는다.
아무것도 필요 없어진다.

애간장이 녹는데
생지옥이 따로 없다.
차라리 대신 아플 수 있다면
기꺼이 그것을 선택할 것이다.

아이가 아플 때
더욱 고통스러운 것은
아이가 건강할 때
아이에게 잘못했던 모든 일들이

선명하게 떠오른다는 점이다.

야단치며 화냈던 일.
위협적인 언행을 했던 일.
무심하게 대했던 일.
귀찮게만 생각했던 일.

게다가 아이가 성장하면서
처음 경험해보는 세상 속에서 넘어져
속상해하고 힘겨워할 때
외면하거나 이해해주지 못했던 일.

뭐가 되기를 바라지 말자.
무엇을 이뤄내기를 기대하지도 말자.

오로지 한 가지!
건강하게만 자라다오.
두 손 모아 기도한다.
아프지 않고 건강하길.

설마…
건강하게만 자라는 건 아니겠지?

BGM과 세월

오래된 카페에 갔다.

BGM이 흐른다. 조용필, 전영록, 소방차 노래가 이어진다.

"그녀에게 전해주오. 잊지 말아 달라고."

소방차가 가장 최신 곡이다.

이건 뭐지? 지금 뭐 하자는 플레이야?

요즘 세상이 어떤 세상인데,

쇼미더머니의 힙합은 아니어도

BTS 정도는 나와야 하는 거 아냐?

카페 주인이 어떤 사람일까 궁금해진다.

아무리 레트로가 유행이라지만,

리믹스 버전도 아니고,

이건 세상의 변화를 온몸으로 항거하는 수준이다.

근데 내 몸이 반응하고 있다.

차마 따라 부르지는 못하지만 익숙하게 몸이 움찔거린다.

노스탤지어! 오랜 객지 생활 후 고향을 방문하는 느낌이랄까?

다음 곡은 뭘까? 나도 모르게 외친다.

변진섭, 유재하, 서태지, 전인권, 김광석, 이선희….

감색 중독

정장을 사러 갔다. 이 매장 저 매장 둘러보며 공들여 골랐다. "강의할 때 입을 거야. 멋지게 보이고 싶어." 비싼 만큼 더 좋은 거겠지! 집에 돌아와 비싸게 주고 산 정장을 옷장에 걸었다. 뭔가 색다름을 기대하며.

엥? 이게 뭐지? 새로 산 정장이 기존의 정장에 묻혀 보이지 않는다. 분명 색다른 정장을 사려고 했는데, 똑같은 정장을 다시 사고 만 것이다. 그것도 아주 비싸게. 문제는 색깔, 감색이었다. 색다른 정장을 사려고 했다면 색이 다른 정장을 샀어야 하는데, 집에 천지인 감색을 또다시 선택하고 만 것이다. 감색은 가장 무난한 색이다. 항상 실패하지 않는 색이기도 하다. 나는 늘 실패하지 않는 무난함을 선택해왔던 것이다.

감색으로부터 벗어나고 싶었다. 오랜 세월 동안 나를 가둬버린 감색이라는 감옥으로부터 탈출하고 싶었다. 감색만 아니면 다 괜찮을 것이다. 이제부터 내 인생에서 감색은 더 이상 일 순위의 색이 아니다. 아니 절대 선택해서는 안 되는 색이어야 한다.

어떤 색깔이 좋을까? 매장 점원에게 감색만 아니면 된다고 했다. 그랬더니 회색을 권한다. 휴우~ 하마터면 회색을 선택할 뻔했다. 감색이나 회색이나 도긴개긴 무난하기로는 똑같다. "이건 어때요?" 매장 귀퉁이의 빨간색 슬림핏 체크무늬 재킷을 들고 온다. 어? 이건 좀 부담스러운데. 감색만 아니면 괜찮다고 했는데 그렇다고 빨간색을 가져오면 어떡해? 권유에 못 이기는 척 한번 입어보기로 했다. 일단 감색이 아니니 어울리기만 한다면 최고의 선택일 수도 있겠다는 생각이 들었다. 입고 벗고, 입고 벗고. 세보지는 않았지만 입고 벗고를 열 번 이상 한 것 같다. 결제를 하는 최후의 순간까지도 이게 과연 맞나 싶다. 만일의 경우를 대비해서 환불 조건에 대해서도 확인했다. 태그만 안 떼면 된단다. 집에 오는 길, 마음이 무겁다. 늦기 전에 다시 가서 바꿔야 하나? 옷 색깔 하나 바꾸는 일인데 이게 뭐라고 이리 힘든가?

옷장 문을 열고 새로 산 빨간색 재킷을 걸어보았다. 옷장 속 분위기가 색달라진다. 드디어 '감색 중독'에서 벗어나게 되었다. 이제 나는 자유다!

'추억의 팝송'의 원래 이름은
'최신 팝송'이었다

'추억의 팝송'을 좋아한다.

추억의 팝송은
처음부터 '추억의 팝송'은 아니었다.
원래 '최신 팝송'이라는 매우 프레시한 이름을 가지고 있었다.
얄궂은 세월이 이름을 올드하게 바꿔버린 것이다.

'최신 팝송'이
'추억의 팝송'이 되어버린 것처럼
나는 '풋풋한 청년'에서
'고로한 아재'가 되어버렸다.

그 시절 나의 영웅이
하나하나 사라져간다.

첨 겪는 험한 세상에 멋모른 채 나갔다가
온몸을 실컷 두들겨 맞고 피멍 든 채

어두운 방구석에 쪼그려 울던 나.
이런 나를 언제 봤다고
위로해주고 용기를 불어넣어주고
허기를 달래주었던 나의 영웅들!

아재의 나이에
마음 한 구석 의지할 데 없어,
사라져간 나의 영웅의 유산,
추억의 팝송을 들으며
최신 팝송이었던 그 시절을 생각한다.

이보다 더 좋은
질문은 없을까?

숙제 했어?

밥 먹었어?

엄마는?

지금 뭐 해?

넌 커서 뭐가 되고 싶어?

이런 질문 말고

다른 질문은 없나?

내가 우리 아이에게 궁금한 것이

정말 이런 것밖에 없나?

가만 살펴보니 내 질문은 몇 가지 심각한 문제가 있다.

대화가 지속될 수 없는 단답식 질문이고

굳이 대답하고 싶은 마음이 들지 않는 질문이고

대답하면서 자칫 기분이 나빠질 수 있는 질문이다.

대화하고 싶다면

상대가 기꺼이 대답하고 싶은 질문을 던져야 한다.
기왕이면 기분이 좋아지는 질문이어야 하고,
계속 말하고 싶어지는 질문이어야 한다.
그래서 어떤 질문을 하면 좋을까 고민해보았다.

표정이 좋아 보이는데 무슨 좋은 일이라도 있니?
와! 너무 잘했네. 어떻게 그런 일을 할 생각을 다 했어?
요즘 즐겨 하는 게임이 뭐야?
아빠한테 요즘 유행하는 음악 하나 추천해줄래?
나도 관심이 있는데 좀 가르쳐줄 수 있겠니?
방학 때 가장 먼저 뭘 하고 싶어?

생각 없이 막 던지는 질문은 대개 안 좋은 질문이다.
대화를 단절하고 관계를 파괴할 수 있는 질문이다.

질문을 할 때면 먼저 생각해야 한다.
이보다 더 좋은 질문이 없는지 먼저 생각해봐야 한다.

아이와의 대화

요즘 아이와의 대화가 힘들다.
초등학교 5학년까지는 문제가 없었다.

아이가 갓난쟁이일 때 나는 아이를 안고 온 세상을 돌아다녔다.
아이가 품에 안겨 보드라운 두 팔로 내 목을 꼬옥 끌어안을 때
나는 삶의 행복이 무엇인지 알게 되었다.
아이를 안고 있을 때면, 나는 세상에서 가장 믿음직한 사람이 되었다.

아이가 "이건 뭐야? 저건 뭐야?" 물어볼 때면 하나하나 설명해주었다.
사람이 사람에게 줄 수 있는 최고의 선물은
생각을 물어보고 열심히 들어주는 것이라 한다.
살면서 그토록 내 생각을 궁금해하고 열심히 들어준 존재는 없었다.
아이의 질문에 대답하면서, 나는 세상에서 가장 똑똑한 사람이 되었다.

아이는 내가 목말 태워주는 것을 좋아했다.
놀이공원에 가면 아이는 나를 통해
자기 키로는 도저히 볼 수 없었던 새로운 세상을 볼 수 있었다.

신나서 팔짝팔짝 뛰는 움직임을 내 목은 여전히 추억하고 있다.
목말을 태워주면서, 나는 세상에서 가장 키 큰 사람이 되었다.

아이 때문에 나는 아침에 출근하기가 힘들었다.
아침마다 울고불고 매달려 떨어지려 하지 않았다. 이산가족이 따로
없었다. 닫힌 현관문에서 아빠가 보고 싶다고 우는 아이의 울음소리
를 들으며 잘 다니던 회사가 싫어졌다. 아이와 헤어져 출근할 때면,
나는 세상에서 가장 귀하고 소중한 사람이 되었다.

이랬던 아이가 긴 사춘기의 터널을 지나고 있다.

이제 나는 더 이상
가장 믿을 수 있는 사람도 아니고,
가장 똑똑한 사람도 아니고,
가장 키 큰 사람도 아니고,
가장 귀하고 소중한 사람도 아니다.

그러던 어느 날, 아이에게 잔나비 앨범을 선물했다.
잔나비는 우리 아이가 가장 좋아하는 가수다.
오랜만에 깊은 대화를 나눌 수 있었다.
잔나비 말고 아이가 또 좋아하는 것이 무엇인지 궁금해졌다.

아버지

오래 전에
아버지가 돌아가셨다.

문득문득
아버지가 떠오른다.

그러다가
내 아들이 눈에 들어온다.

시간이 흘러 내가 죽고 나면,
저 녀석도 내가 아버지를 떠올리는 것처럼
나를 생각할까?

그러겠지?
아빠 생각이 나겠지?

나처럼 지 인생 사느라고

많이 바쁠 텐데…

나처럼 지 가족 챙기느라
여유가 없을 텐데…

그럼에도 불구하고
아빠 생각이 나겠지?

아주 가끔씩이라도
내가 떠오르겠지?

………

아버지,
이제야 아버지가 자꾸 생각납니다.

발볼러의 비애

나는 '발볼러'다. '발의 볼이 넓은 사람'이라는 뜻이다. 발볼러는 신발을 선택하기 어렵다. 볼에 맞는 신발은 뒤꿈치가 들썩거리고, 길이에 맞는 신발은 발등이 갑갑하다. 갑갑한 신발을 살 것인가? 들썩거리는 신발을 살 것인가? 평생의 고민이다. 그래서 번갈아 선택하기로 했다. 이번에는 볼, 다음에는 길이. 현실적으로 선택할 수 있는 최선이다. 어쩌겠는가? 세상이 이렇게 생겼으니 내가 세상에 맞춰 사는 수밖에.

어느 날 우연히 들른 신발 매장. "어! 이건 뭐지?" 신발 속에 쓰인 W. 신발이 두 가지의 알파벳을 가지고 있다. L(Length) 과 W(Width). 비로소 발에 딱 맞는 신발을 만날 수 있었다. 세상 좋아졌네! 진작에 이렇게 해 줄 것이지 말이야! 이 신발을 만나고 나니 오랫동안 발볼러로 살아왔던 내가 갑자기 억울해진다. 대체 이걸 여태 왜 안 해준 거야?

발과 관하여 세상에 당당하게 주장하고 싶은 게 생겼다. 발볼러라는 말이 있으려면, 발길러라는 말도 있어야 하고, 발좁러나 발짧러도 있어야 한다. 그런 말을 함께 쓰지 않을 거라면, 발볼러라는 말은 존재하지도 말아야 하고 쓰지도 말아야 한다.

생김새 그대로를 존중하고, 생김새 그대로 불편함 없이 사는 세상.
이런 게 좋은 세상이다.

혼자만의 시간

혼자만의 시간을 보내고 싶었다. 하지만 현실은 허락하지 않았다. 일하느라, 가족들 챙기느라, 온 세상이 나를 찾아대는 통에 짬 나는 시간까지 탈탈 털어 넣었다. 늘 뭔가에 얽매이고, 누군가에 구속된 상태였다. 삶이 내주는 수많은 숙제 속에 파묻혀 살았다. 그런 시간이 지속될수록 애타게 혼자만의 시간을 소원했다.

그랬던 내게 요즘은 혼자만의 시간이 생기고 있다. 그것도 아주 많이. 살다 보니 이런 일도 다 있다. 의도한 것도 아닌데 어느 날 갑자기 그렇게 되었다. 오십에 이르니 자연스레 그렇게 되어버렸다. 만세! 어쨌든 나는 소원을 이룬 셈이다.

한데 이 휑한 느낌은 뭐지?
곁에 사람이 없다.
늘 나를 찾기 바빴던 사람들! 내가 없으면 안 된다고 했던 사람들!
그런데 이제는 내가 찾을까 봐 겁내는 사람들!
저만큼 떨어져 자기들끼리 웃고 떠든다.
나 없이도 아주 환하고 즐겁게.

얼마 전까지만 해도 혼자만의 시간이 너무 없어 힘들었는데, 이제는 혼자만의 시간이 너무 많아 힘들다. 앞으로 혼자만의 시간이 점점 더 많아질 텐데 걱정이 앞선다. 모두 다 떠나기 전에 그나마 곁에 남아 있는 사람들 추슬러 그들과 함께 시간을 보내려 한다.

자명종

자명종을 사러 갔다.
오천 원.
세상에 자명종이 오천 원밖에 안 하는구나.
왜 이리 싸지?
완전 거저네.

하루 써 보고는
그것의 가격이
오천 원밖에 하지 않는 이유를 알 수 있었다.

화재경보 사이렌보다도 더 요란하고 사악한 소리!
놀랄 것 많은 세상살이에
늘 심장의 건강상태가 미덥지 않은데
심장이 멎을까 봐 걱정돼 다시는 듣고 싶지 않은 소리였다.

물론 자명종은 죄가 없다.
그저 자신의 미션에 충실했을 뿐이다.

아니, 미션에 너무 충실한 나머지 오버를 한 거겠지.
그렇게라도 하지 않으면 내가 안 일어날 테니까
안달복달하면서 소리를 지르는 거겠지.

자명종 마음을 모르는 건 아니지만
그렇다고 아침부터 깽판 치는 소리를 듣고 싶지는 않다.

잠시 멈춰 생각해본다.
살면서 내가 내고 다니는 소리는
주변 사람들에게 과연 어떤 소리로 들릴까?

제아무리 좋은 취지의 말이라도
싸구려 자명종 소리와 같다면
차라리 침묵하는 것이 백번 더 나을 것이다.

신의 메시지

쉰 살에 만나는 힘든 일은 같은 크기, 같은 내용의 것이라도 전보다 큰 고통으로 다가온다.

젊은 시절에는 원기 왕성하고, 책임질 게 많지 않으니 두려울 게 없으며, 아파도 회복이 잘된다. 게다가 젊다는 이유로 주변에 도와주고 응원해주는 사람도 많으며, 실패해도 젊음을 밑천으로 재기하기도 쉽다.

쉰 살의 나이는 기력도 예전 같지 않고, 책임질 게 많으니 점점 겁쟁이가 되어가고, 아프면 덜컥 드러눕게 된다. 게다가 나이가 많다는 이유로 있던 기회도 사라지고, 도와주기는커녕 후진을 위한 용퇴를 재촉하고, 화려했던 과거는 누구도 기억해주지 않고 행여 작은 실수라도 하면 손가락질당하기 일쑤다.

쉰 살에 만나는 힘든 일은 같은 크기, 같은 내용의 것이라도 이전의 연령대보다 훨씬 더 큰 고통이 되기 쉬우니, 이전과는 대응 방법이 많이 달라져야 한다.

누구도 응원해주지 않으니 스스로라도 애썼다고 위로해주자. 심장병이 도질 수 있으니 잠깐 쉬어가도 된다고 말해주자. 몸에 해로운 음식은 줄이고 이로운 음식을 우선하여 챙겨 먹자. 돈 아끼지 말고 없는 돈이라도 털어서 보약이라도 지어 먹자. 운동은 반드시 시작해야 하고, 이미 하고 있다면 더 열심히 하자.

쉰 살 이후의 삶에서 부딪히는 모든 힘든 일은, 신의 메시지로 받아들여야 한다. 앞으로 더욱 약해질 테니 미리 대비하라는. 이런 신의 메시지를 잘 따른다면, 세월이 흘러 틀림없이 이 시기를 인생의 전화위복轉禍爲福 시기라 부르며 가슴을 쓸어내릴 것이다.

이보다 좋을 수 없어

누군가를 만날 때 흔히 주고받는 인사말이 있다.

"요즘 어떻게 지내?"

의외로 이 질문에 대한 답변이 어렵다.
스스로 잘 지내고 있는지
아니면 못 지내고 있는지
뭐라 답해야 할지 잘 모른다.
그래서 자주 선택하는 말은 다음과 같다.

"그냥 똑같아."

자신의 삶에 대해
스스로도 잘 지내는지 못 지내는지 모른다면
대체 누가 그것을 알 수 있을까?

내가 잘 지내는지 아닌지는

남이 판단해 주는 것은 아닐 것이다.
내가 존재하지 않으면
이 세상도 존재하지 않기에,
내 삶을 판단해야 하는 주체는
나 자신밖에 없고
나 자신이어야 한다.

일반적으로 머릿속의 생각은
입에서 나가는 말로 표현되기 마련이다.
잘 지내는지 못 지내는지 헷갈린다면
"그냥 똑같아."라고 말하는 대신
다음과 같이 말해보면 어떨까?

"이보다 더 좋을 수 없어."

신기하게도 이 말을 하고 나면
기분이 좋아지고
정말 아주 잘 지내고 있는 것 같은 느낌이 든다.

가졌던 것이 아니라
누렸던 것이구나

드디어 올 것이 오고 말았다.
남의 이야기인 줄 알았는데
나이든 어르신들의 이야기인 줄 알았는데
그것이 기필코 나에게 오고 말았다.

점점 멀어져간다.
점점 멀리서 봐야 보인다.

잘 보였던 것들이
당연히 잘 보여야 하는 것들이
이제는 노력을 해야 보인다.

지금까지 안경을 맞출 때는
안경테가 나에게 얼마나 잘 어울리는지가 중요했다.
이제는 안경알이 더 중요하다.
안경알의 가격이 안경테보다 비싸지는 때를
만나고 만 것이다.

가졌던 것이 아니라 누렸던 것이구나.

나이가 들면
당연하게 가졌던 것이
얼마나 귀하고 소중한 것이었는지
비로소 알게 된다.

가진 것을
귀하게 여길 줄 알아야 한다.
더 쇠하기 전에 아끼고 또 아껴 써야 한다.

나만의 명언

살면서 명언을 가장 많이 만나는 곳이 있다. 그곳은 화장실이다. 화장실에 왜 명언이 있어야 하는지는 잘 모른다. 어쨌든 화장실에서 명언을 많이 볼 수 있다. 명언을 보다 보면 고개가 갸우뚱해질 때가 있다. "엥? 이게 명언이야?" 물론 와닿는 명언도 있지만 별것 아닌 명언이 훨씬 더 많다. 동의가 안 되거나 이 정도 명언은 나도 하겠다 하는 생각이 절로 나온다.

묘한 것은 내용은 별게 없는데 유명한 사람이 한 말이면 공감이 되고 피부에 더 와닿는다는 점이다. 심지어는 사진을 찍어 페북에 올리고 싶을 정도다. 확실히 명언은 내용보다는 말한 사람이 누구인지가 더 중요해 보인다.

나는 이 대목에서 제안을 하고 싶다. 스스로의 명언을 만들어보라고. 내 삶의 주인공은 바로 나 자신이다. 내가 존재하기 때문에 이 세상도 존재하는 것이다. 내가 존재하지 않는다면 이 세상도 존재하지 않는다. 살면서 문득문득 가슴 깊은 곳에서 울려오는 메시지가 있다. 험한 세상에 부딪히고 깨져가면서 알게 되는 깨달음의 메시지다. 누구의 것도 아닌 오로지 내 삶 속에서만 나올 수 있는 오리지널이다. 내 삶을 살아가는 데 이만큼 중요한 것이 있을까? 그동안 너무 남의 말만 듣고 살아왔다는 생각은 들지 않는가?

나 자신의 명언을 만들어보자. 그리고 잊어버리지 않기 위해, 그대로 살기 위해, 삶에서 중요하고 자주 보이는 공간에 붙여놓도록 하자. 남의 말을 따를 것이 아니라, 내가 나에게 하는 말에 귀 기울이고 그것을 따르도록 하자. 이것이 스스로가 주도하는 삶을 살아가는 방식일 것이다. 당신은 충분히 인생의 명언을 만들 자격이 있는 사람이다.

사진 앱

과거의 사진은
실물을 정확히 찍어내는 게 목적이었다면,
요즘의 사진은
실물을 멋지게 표현하는 게 목적인 듯하다.

화장이라도 한듯 피부는 주름 잡티 하나 없이 깨끗하고 팽팽하고,
온 세상의 조명을 한 몸에 받은 듯 환하고 화사하며,
심지어 싸구려 옷차림도 개성이 느껴지고 고급져 보인다.
찍을 때마다 인생 사진이 탄생한다.

사진 앱으로 찍은 내 모습을 보면
진짜 내가 멋진 사람인 듯 착각에 빠진다.
그게 너무 마음에 들다 보니
거울 속의 실물에 실망감이 느껴질 정도다.
심지어 후져 보이는 실물이 현실 사회에서 들통날까 봐
누군가를 새롭게 만나는 게 두려워질 정도다.

이것도 병이 아닐까 싶다.

병명은 뭐라고 하는 게 좋을까?

최소한 나르시시즘보다는 훨씬 더 심각한 레벨의 병명이어야 한다.

진짜가 가짜가 되고

가짜가 진짜가 되는 세상이라는데

내 얼굴을 보면서 이를 경험하게 될지는 몰랐다.

셀카 속 나의 모습이 진짜일까?

거울 앞 나의 모습이 진짜일까?

우스운 질문이다.

진짜가 무엇인지 누구보다도 잘 알지만

잘 포장된 가짜를 보다 보니 진짜를 받아들이고 싶지 않은 것이다.

치유법은 단 하나다.

자꾸만 헛것을 보게 하는

사진 앱을 일절 사용하지 않는 것이다.

흰머리의 의미

나이가 들면 흰머리가 늘어난다.
처음에는 새치라고 했다.
제정신 못 차린
몇 가닥 머리카락의 반란인 줄로 알았다.

이따금씩 시간을 내어
게릴라전을 펼치는 반군을
색출하여 제거해왔는데…

방심했는지 아니면 조치가 미흡했는지,
어느 순간 질긴 생명력에 의해
머리 전체가 점령당해버리고 말았다.

흰머리는 검은 머리보다 힘이 세다.
뻣뻣하고 두꺼워 삐죽삐죽 바짝 일어서 있다.
그래서 흰머리는 더 도드라져 보인다.
나이가 들면 힘이 없어지는데

흰머리는 왜 이리 드센지 미스터리다.

아마도 존재감을 세상에 더욱 드러내고 싶은 모양이다.
아무도 자신의 존재를 감히 무시하지 못하게 하고 싶은 모양이다.
나이가 들면 고집이 세지는 경향이 있는데
아마도 흰머리에게 지배를 당해서 그런가 보다.

꼴도 보기 싫다.
내 눈에서 사라져버리게 하고 싶다.
염색이라도 해서 없애 버릴까?

아니 그냥 두어야겠다.
내가 그걸 보면서
꼰대가 되어버린 나를 알아차릴 수 있도록.

아니 잘 보이도록 내버려 둘 것이다.
혹시 내가 세상 물정 모르는 헛소리를 하고 있을 때
듣는 사람이 내 흰머리를 보면서
알아서 걸러 들을 수 있도록.

내 아이에게
해주고 싶은 말

살면서 내가 깨달은 것 중에 나에게 가장 힘이 되었던 것은, 굳이 많은 것을 잘하려 애쓰지 않아도 된다는 사실이다. 많은 걸 못한다고 해도, 심지어 절망적일 정도로 형편없는 수준일지라도 인생에서 그리 큰 문제가 되지 않는다.

남들보다 못한다고 해서 기죽을 필요가 없다. 아무리 노력해도 안 될지라도 결코 좌절할 이유도 없다. 그것을 직업으로 갖지 않은 한 잘하든 못하든 모두 똑같다. 예를 들어 스포츠나 예술 분야에서 남들의 부러움을 사는 재능을 가지고 있다 치자. 어린 시절부터 두각을 나타낸다 할지라도 그건 끝까지 가봐야 한다. 항상 넘어야 할 임계점이 있는데, 그걸 뛰어넘지 못하면 재능이 있으나 마나 별반 차이가 없다. 인생에서 보면 오십보백보의 차이일 뿐이다.

차라리 어떤 분야에서 애매한 수준의 재능을 가지고 있다면, 아예 바닥 수준의 재능이 삶에 더 큰 축복일지도 모른다. 깔끔하게 포기하고 다른 분야로 눈을 돌릴 수 있기 때문이다.

인생은 길다. 하나만 건지면 된다. 부딪히는 모든 일을 다 잘할 수는 없다. 아니 모든 일에서 제대로 못하는 것이 정상이다. 신은 이것저것 다 할 수 있는 사람으로 만들지 않았다. 기다리면 된다. 이것저것 두드려보고 경험해보면서 기다리면 된다. 당장 눈앞에 뭔가가 보이지도 잡히지도 않더라도 조바심을 내지 말고 기다리면 된다. 너의 인생은 아직 시작조차 하지 않았다.

지나가는 시간은 아쉽고
다가오는 시간은 슬프다

마트의 계산대,
마음 바쁜 젊은 직원이 답답해한다.
계산대 앞 느릿느릿 우물쭈물 노인네,
칠순이 훌쩍 넘어 보인다.
말귀를 못 알아들으시는 모양이다.

살면서 흔히 보게 되는 장면이다.
예전에는 남 일로만 보였는데,
이제는 상황이 조마조마하고 마음이 불편하다.

노인네의 모습에서,
기력이 쇠한 가여운 노인네의 모습에서
앞으로의 내 모습이 보인다.

시간은 흘러갈 것이다.
흘러가버린 과거의 시간처럼
현재와 미래의 시간도

푼돈 같은 기억 몇 개 남기고 역시 사라져버릴 것이다.

지나가는 시간은
늘 아쉽고,
다가오는 시간은
늘 슬프다.

거울을 보는
노인네에게는
인생이 어떻게 보일까?

울고 싶은데
울 수가 없다

울고 싶을 때가 있다. 울고 싶으면 울어야 하는데, 울 수가 없다. 누가 들어줄 것 같지도 않고, 누가 들으면 안 될 것 같아서 울 수가 없다.

울고 싶은 일이 생길 때는 울기보다는 그것과 싸워 이기라고 배웠다. 그렇게 배운 방식대로 치열하게 싸웠고 의기양양하게 승리하는 일도 많았다. 물론 종종 지는 일도 많았지만 그 과정에서 전투력이 배가되어 훗날을 도모할 수 있었다.

지금은 다르다. 예전에는 싸워 이기는 패기도 있고, 절대 지고 못 사는 오기도 있었는데, 내가 약해졌는지 세상이 드세졌는지 알 수는 없지만 버티다가 이대로 버티다가는 허리가 뒤로 꺾여 버릴 것만 같다.

무섭다. 무방비 상태로 뺨을 때리고 정강이를 걷어차는 깡패 같은 세상이 너무 무섭다. 엉엉 울어서 어린아이처럼 엉엉 울어서 누군가의 동정이라도 받고 싶은데, 모른 척하는 건지 알면서 외면하는 건지 모두 내 등 뒤에 꽁꽁 숨어 있다.

알지 못하는 거겠지? 오랫동안 바람막이로 살아왔기에 계속 바람막이가 되어줄 줄 알고, 예전처럼 폼나고 든든하게 버티고 있는 줄 알고 있겠지? 그런 거겠지?

어쩌겠는가? 살던 대로 살아야지! 안간힘으로 계속 버티며 살아야지. 울고 싶지만 들어줄 사람도 없고, 내가 우는 소리를 누가 들으면 안 될 것 같아서, 나는 울 수가 없다.

쉰 살이 넘으면
모두가 시인이 된다

내 생각을 적어보기로 했다.
내 마음을 적어보기로 했다.

다들 하나같이 들어달라고만 보채고
정작 내 말은 들어주는 이 하나 없어,
너그러운 백지 위에 속이 후련해질 때까지
내 생각과 내 마음을 실컷 그려보기로 했다.

거친 생각은 모양 지게 다듬고,
산산이 조각나 버린 마음은 낱낱이 찾아 수습하고,
곱게 다듬어 서로 잇다 보니
어느덧 한 편의 시가 완성된다.

그리 살았는데 무엇인들 표현하지 못할까?
반백 년의 생각은 철학이고
반백 년의 마음은 심리학이다.

쉰 살이 넘으면
모두가 시인이 된다.

쉰 살이 넘으면
모두가 시인이 될 수밖에 없다.

내가 와인을
못 마시는 이유

소주는 털어 마시는 술이다. 손가락 사이로 쏙 들어가는 작은 소주잔에 소주를 가득 채우고 목을 살짝 뒤로 꺾어 한입에 털어 넣는 술이다. 그리고 목젖이 떨리는 크~ 하는 감탄사로 마무리한다. 소주는 목구멍으로 먹는 술이어서 이렇게 해야 소주의 제맛을 느낄 수 있다.

반면 와인은 음미하는 술이다. 와인의 향기과 색을 풍부하게 담아내는 두둥실 달덩이 같은 와인잔에 과하지 않게 삼분의 일 정도 채우고, 스월링을 하며 와인에 공기를 잘 섞어 풍미를 배가한다. 그리고 주변 사람들과 대화를 나누며 시간을 두고 입안을 적시듯 조금씩 나누어 마셔야 한다. 와인은 천천히 조금씩 음미하며 끊어 마셔야 참맛을 제대로 느낄 수 있다.

어느 날, 내가 와인을 마시고 나면 늘 힘든 이유를 알게 되었다. 처음엔 와인이 체질에 안 맞는 줄 알았다. 생각해보니 와인을 마시는 방식에 문제가 있었다. 늘 소주를 마시던 사람이다 보니 와인을 소주처럼 마시고 있었던 것이다. 마실 때마다 잔을 부딪히고 양껏 마셔 버린다. 결과적으로 와인의 맛을 제대로 느껴보지도 못한 채 임계치 이상으로 흡입하게 되니 다음 날 견딜 수 없는 내상으로 고통받는 것이다.

세상의 모든 일이 이러하지 않을까. 오랫동안 익숙해져 온 방식을 새로운 세상에 그대로 대입하려 한다. 그 속에서 가장 크게 상처받는 이는 나 자신일 수밖에 없다. 와인을 마시면 늘 숙취에 시달리는 것처럼 말이다. 내가 아는 것은 모두 과거의 것들이다. 세상의 변화는 내가 아는 모든 것을 모조리 구닥다리로 만들어버린다. 뒷방 늙은이 취급받지 않으려면 아는 것을 내려놓아야 한다. 백기 들고 투항하듯 구닥다리를 내려놓아야 한다. 어린아이와 같은 호기심으로 새로운 세상에 젖어 들어야 한다.

꽃이 새삼
눈에 보이는 이유

봄이 되니
온 세상이 꽃 천지다.

꽃이 너무 예쁜 나머지
멋들어지게 사진 한 장 찍어서 SNS에 올리려다
그만 깜짝 놀라고 만다.
이미 SNS 세상도 꽃 천지다.

다들 자기가 만난 꽃이
세상에서 가장 예쁜 꽃이라고 주장이라도 하는 듯
동네방네 온갖 꽃들의 자태를
SNS 세상으로 옮겨놓는다.

영화 〈웰컴 투 동막골〉의 명대사가 떠오른다.

"머리에 꽃 꽂았습네다."

이 대사에 빵 터졌던 이유는
영화 속 주인공 '여일'의 정신 나간 행동을
깔끔하게 정리해주는 한마디였기 때문이다.
난리 통의 세상에서는
꽃과 함께 살아가는 모습이
정상적으로 보이지 않았던 것이다.

그동안 나의 눈에는
세상의 꽃이 보이지 않았다.

그런 나에게
요즘 꽃이 보인다.
길을 가다 멈춰 서고
찬찬히 쳐다보게 되고
꽃말이 무엇인지도 궁금해진다.

왜 그럴까?
그간 보이지 않았던 꽃이
새삼 눈에 보이는 이유는 무엇일까?

5부

다시
달리는 법을
배우다

잠이 안 오는 게 문제가 아니라,
잠이 안 올 때 할 일이 없다는 게 문제다.

다이어트

배 속의 꼬르륵 소리는

밥을 먹어야 한다는
신호가 아니라,

지금부터 불필요한 지방을
태우겠다는 신호다.

착각하지 말자.

농구장에서 생긴 일

주말에 느닷없이, 정말 밑도 끝도 없이 농구가 하고 싶어졌다. 농구 공이 어디 있더라? 먼지가 수북이 쌓인 낡은 농구공을 찾아 바람 넣고 집 근처 농구코트에 나갔다. 골대 밑에서 바둥바둥 슛 연습을 하고 있는데, 반대편 코트에 있던 중학생 다섯 명이 다가온다.

"한 명 부족해서 그러는데 같이 삼 대 삼 하실래요?"

헉! 삼 대 삼. 이 얼마 만에 들어보는 말인가? 오랫동안 잊고 있었던 말이다. 그나저나 니들 혹시 내 나이가 몇 살인지 아니?

"어? 나 못하는데? 농구 진짜 못하는데?"
"괜찮아요."

동의한 것도 아닌데 자기들끼리 가위바위보로 편을 짜고 있다. 요즘 아이들은 어른 말을 듣지 않는다. 얼떨결에 편먹고 삼 대 삼 농구게임을 하게 됐다. 어? 이 감정은 뭐지? 뭔데 이렇게 긴장이 되지? 타임머신을 타고 삼십 년 전 세상으로 훅 빨려 들어간 기분이다.

게임이 시작되면서 이내 곧 현타가 온다. 몸과 마음이 따로 논다는 게 어떤 기분인지 체감한다. 그만 앞으로 엎어지고 말았다. OTL 앞서 나가는 상체를 하체가 뒤따르지 못한 결과다. 양쪽 무릎이 다 깨지고. 아무렇지도 않은 척 태연히 일어선다. 아픈 게 문제가 아니라 쪽팔린 게 문제다.

"아저씨! 무릎에서 피 나는데요?"
(알거든! 말 안 해줘도 다 알거든!)

졌다. 나 땜에. 더 하자는 말은 안 한다. 원래 '한 게임 더?'라고 해야 되는 거 아닌가? 게임을 마치고 중학생들이 하이파이브를 건넨다. 스포츠에서 나이란 중요하지 않다. 집으로 돌아와 몸져누웠다. 빨간 약으로 범벅이 된 무릎이 욱신거린다. 뭐가 문제였을까? 맞아, 농구화가 없어서 그랬어. 에어조단 농구화를 사기로 결심했다.

니들 이제 다 죽었어!

다이어트 2

다이어트에 실패하는 가장 큰 이유는, 집에 먹을 게 너무 많기 때문이다.

제아무리 운동을 많이 해도 그만큼 먹어버리면 말짱 꽝이다. 대체로 운동을 많이 하면 그 이상을 먹어버리는 부작용이 발생하기 마련이다. 냉장고를 열면 음식이 쏟아지고, 집 안 곳곳에 손만 뻗으면 닿을 수 있는 위치에 군것질거리가 가득하다. 얼마나 많은지 못다 먹고 유통기한을 넘긴 음식을 날 잡아 버려줘야 할 정도다. 그러고는 마트에 가면 또 한가득 음식을 사 온다.

마트의 상술도 한몫한다. 많이 살수록 가격이 내려간다. 여러 개를 묶어 팔고, 두 개를 사면 하나를 더 준다. 적게 사면 손해? 많이 사면 이익? 계산이 빠른 사람들이 이런 장삿속에 현혹되고 만다. TV 먹방 프로그램도 한몫한다. 먹지 못해 환장한 것처럼 뭔 놈의 먹방 프로그램이 그리도 많은지. 좀 과장하면 도배 수준이다. 그 이유는 가장 많이 남는 장사이기 때문이다. 제작비도 안 들어가고, 협찬 받을 데는 줄 서 있고, 그리 공들이지 않아도 되고, 게다가 인간의 본능을 건드리는 것이어서 시청률까지 보장된다. 스트레스가 많은 현대인들은 이런 단순한 프로그램에 사로잡히고 만다.

다이어트에 정말 성공하고 싶다면 집 안에 존재하는 음식물의 씨를 말려야 한다. 다이어트에 정말 성공하고 싶다면 마트에 자꾸 다니는 습관부터 없애야 한다. 다이어트에 정말 성공하고 싶다면 TV 시청 시간부터 줄여야 한다.

근데 이렇게 다 말리고, 없애고, 줄이면 뭘 해야 하지?

지하철 승강장,
골프 스윙 연습하는 아재!

지하철 승강장에서
한 아재가 골프 스윙 연습을 하고 있다.
주변 이목이나 눈총에는
아랑곳하지 않은 채
맨손으로 자세 잡고 스윙 연습을 한다.

흔하게 볼 수 있는 장면이다.
심지어 동네 목욕탕 사우나에서도
벌거벗은 채 볼썽사나운 자세로
스윙 연습을 하는 아재들을 종종 목격한다.

나라면 어떨까?
내가 골프를 시작한다면 나도 과연 저럴까 싶다.

뭔가에 꽂혀 있고
잘하고 싶은 욕구를 가진 사람들은
본능적으로 관련된 행동을 반복하는 경향이 있다.

이는 건강한 삶을 위해 매우 좋은 일이다.
스스로를 위한 일이고
남에게 피해 주는 일도 아니니까.

다음의 두 질문에 답변해보자.

"뭘 잘하고 싶은가?"
"그것을 잘하려면 어떤 행동을 반복해야 하는가?"

나이가 들수록
이 두 가지 질문에 대한 답이
없어지거나 모호해지는 것이 문제다.

지하철 승강장과 목욕탕에서 골프 스윙 연습을 하는 아재들을 나는
인정한다.
그들은 잘하고 싶은 것이 있고
그것을 잘하기 위해 애쓰고 있는 것이니까.

남긴 음식에 더 이상
죄책감을 느끼지 않기로 했다

어린 시절, 음식은 소중한 것이라고 배웠다.
그래서 절대 남겨서는 안 된다고 배웠다.
농사를 지으며 쌀 한 톨을 귀하게 여기시는 아버지를 보면서
나 역시도 그래야 된다고 믿었다.
남긴 음식은 항상 나를 죄인으로 만들었다.

오랜 시간 동안 몸에 배어버린 습관이 되어
나이가 든 요즘도 음식을 절대 남기는 법이 없다.
밥알 한 톨, 국물 한 방울까지
남김없이 끝까지 먹는다.
음식이 소중한 것이라는 나의 믿음은 변치 않을 것이다.

그런데 나이가 들고 보니
이 같은 믿음과 습관에 문제가 있다.

기초대사량이 줄어들어
확실히 덜 먹어야 하는데

몸이 필요로 하는 것 이상으로 많이 먹게 된다.

배가 불러도 음식이 남아 있으면 그냥 먹는다.
심지어 맛이 없어도 끝까지 먹는다.

지금 나에게는
새로운 습관이 필요하다.

음식은 여전히 소중한 것이지만
더 소중한 건 바로 내 몸이 아닌가?
남긴 음식에 더 이상 죄책감을 느끼지 않기로 했다.

그때는 맞고
지금은 틀렸다.

100-50=50

보험상담사를 만났다. 나의 예상 수명을 알려준다. 93세란다. "에이, 말이 됩니까? 제가 이렇게나 오래 산다고요? 혹시 보험 가입시키려고 부풀린 거 아네요?" 그러자 상담사가 단호하게 말한다. "아마도 더 오래 사실 겁니다."

바야흐로 백세 시대다. 인류가 경험하지 못한 백세 시대다. 살아본 적이 없으니 대비가 잘 되어있을 리 만무하다. 숫자로 표현해보니 아래와 같은 산수가 만들어진다.

100-50=50

백세 시대에서 우리가 직면하는 현실적 삶을 뜻한다. 맨 앞의 100은 '백세 시대'를 의미하고, 다음의 50은 '직장에서의 평균 퇴직 나이'를 의미한다. 마지막 50은 직장에서 '퇴직 후 여생'을 말한다.

100(백세 시대)-50(평균 직장 은퇴 나이)=50(퇴직 후 여생)

오래 살 수 있어 마냥 좋을 줄 알았는데 이렇게 표현하고 보니 등골이 오싹해진다. 이토록 오랜 시간 동안 대체 뭘 하며 산단 말인가? 퇴직 후 50년 동안 수입도 없이 살아가려면 재산은 대체 얼마나 모아놓아야 하는가? 수명은 길어지는데 은퇴 나이는 점점 짧아진다는 것, 현대인의 딜레마가 아닐 수 없다. 가만 보니 마지막 숫자가 문제다. 퇴직 후 여생을 뜻하는 50이라는 숫자를 줄일 수만 있다면 딜레마가 깔끔하게 해결된다. 두 가지 방법이 있다.

하나는 맨 앞의 100이라는 숫자를 의도적으로 줄이는 것이다. 다시 말하면 백세 시대에 역행하는 삶을 사는 것이다. 대충 70 정도까지만 산다는 마음으로 건강 신경 안 쓰고 막살면 그렇게 될 것이다. 사람을 죽게 내버려 두지 않는 의학기술의 발전이 복병이 될 수 있다. 자칫 죽지도 못하고 연명 치료에 몸을 맡기는 비참한 삶을 살게 될지도 모른다. 리스크가 너무 큰 방식이다.

다른 하나는 평균 은퇴 나이를 뜻하는 두 번째 숫자 50을 늘리는 것이다. 50을 60, 70, 80, 90으로 늘리면 된다. 직업 세계에서의 수명을 늘리는 방식이다. 은퇴가 없는 '평생 현역'의 길을 선택하는 것이다. 매우 안전한 접근이지만 많은 준비와 공부가 뒤따르지 않으면 안 된다. 현재 수행하는 일을 계속 이어갈 수 있는 방법을 연구하거나, 새로운 직업을 준비해야 한다. 세상이 나를 계속 고용할 수 있는 준비가 되어 있어야 한다.

2인치 vs 5.08센티미터

청바지를 사기로 했다. 마음에 쏙 드는 청바지를 사기로 했다. 그런데 문제가 생겼다. 허리 사이즈에 맞는 걸 입어보니 바지통이 너무 펑퍼짐하다. 파자마인 줄 알았다. 핏이라고는 온데간데없고 새 옷인데 당최 새 옷 같지가 않다. 그래서 다리통에 딱 맞는 걸 입어보니 이번엔 단추가 채워지지 않는다. 숨을 힘껏 들이마시고 겨우 단추를 채운다. 단추가 터져나갈 것 같은 분위기에 곁에 있던 종업원이 위태로운 표정으로 날 쳐다본다. 대략 난감이다.

이럴 경우 흔히 사용하는 방법이 있다. 수선을 하면 된다. 허리에 딱 맞는 걸 사서 바지통을 줄이거나, 다리통에 딱 맞는 걸 사서 허리 사이즈를 늘리면 된다. 하지만 그럴 생각은 없다. 옷이 기형이 되기 때문이다. 내가 사고 싶은 건 몸에 맞는 청바지가 아니라 마음에 쏙 드는 청바지다. 수선해서 입을 바엔 그냥 안 사고 만다.

차라리 몸을 고치기로 했다. 허리를 둘러싸고 있는 지방을 제거하기로 한 것이다. 뱃살과의 전쟁이다. 성공하기만 하면 마음에 드는 청바지를 입는 동시에, 몸도 한결 가벼워질 것이다. 따져보니 딱 2인치만 빼면 된다. 일단 사자. 잘 보이는 곳에 걸어두고 타오르는 의지로 허리 지방을 불살라버리자.

그로부터 6개월, 아직 나는 그때 산 청바지를 못 입고 있다. 2인치만 빼면 되는 줄 알았는데 알고 보니 2인치가 아니라 5.08센티미터나 빼야 한다는 현실적인 벽에 좌절하고 있다. 당근마켓에 내놓으면 얼마나 받을 수 있을까?

내장지방의 역습

올 것이 오고 말았다. 쥐도 새도 모르게 내장 깊숙한 은밀한 곳에 게릴라처럼 파고들었는데 그에게 나의 존재를 들키고 만 것이다.

그가 선전포고를 한다. 나를 제거하는 것이 최종 목표라고 한다. 두렵다. 안식처를 뺏기게 생겼다. 사시사철 포근한 온기로 가득 차 있고, 단단한 보호막으로 둘러싸여 외부 세계의 공격을 받을 일도 없고, 가만히 있어도 양질의 영양분이 공짜로 공급되는 파라다이스에서 쫓겨나게 생겼다. 좌불안석으로 걱정하는 나에게 먼저 자리 잡고 있던 선배가 코웃음을 치며 말한다.

"걱정하지 마, 흔한 일이야. 쟤 가끔가다 꼭 저래."
"각오가 예사롭지 않던데요?"
"예전에도 그랬어. 쫄지 마. 우리가 항상 승리하는 전쟁이니 안심해!"

경험 많은 선배의 말을 듣고 나니 위안이 된다. 놀란 마음을 잠재우고 결사 항전의 의지를 다진다. 온 세상을 거지처럼 떠돌다가 우여곡절 끝에 이곳에 둥지를 틀었는데, 내가 그리 순순히 떠날 존재로 보이는가. 나의 정체를 파악했다고? 하지만 네가 모르는 중요한 사실이 한 가지 있어. 사실 나는 너 자신이야. 너와 이미 분리될 수 없는 한 몸이라고. 나를 제거하려고 할수록 네가 더 고통스러워질 수밖에 없어.

과연 잘될까? 뭐 잠깐은 그럴 수 있겠지. 하지만 나보다는 너를 먼저 바꿔야 할 거야. 너의 뇌는 이미 나의 지배를 받고 있거든. 넌 내가 누우라면 눕고 먹으라면 먹는 로봇 같은 존재에 불과해. 현재 너의 의지는 충동 같은 거야. 시간이 지나면 자연히 없어지는 일시적 충동 말이야. 혹시 네가 굉장히 드물게 존재하는 지독한 인간이라면 네가 이길 수도 있어. 하지만 그 또한 일시적인 승리에 불과해. 내가 전략적인 후퇴를 한 것일 뿐이야. 그러다가 네가 방심한 틈을 노려 다시 쳐들어올 거거든. 나는 더 가열하게 너를 몰아붙일 거고, 너는 무기력하게 무너질 수밖에 없어. 너의 의지는 이미 소진되어 약해질 대로 약해졌을 테니 말이야. 너를 굴복시키고 말 거야.

워워~ 아무리 난리 쳐도 소용없어. 어차피 뻔한 싸움이야. 예전처럼 결국 내가 승리할 수밖에 없는 전쟁이거든. 이 전쟁이 끝나면 너에 대한 나의 지배력은 오히려 커질 수밖에 없어. 괜한 짓 하지 말고 나의 위대한 존재를 깔끔하게 인정해! 내가 곧 너라는 사실을 눈 딱 감고 받아들여! 서로 피곤한 일 만들지 말자. 응!

나이가 드니
몸이 예전 같지가 않아

몸이 피곤하면 입버릇처럼 사용하는 말이 있다.

"나이가 드니 몸이 예전 같지가 않아."

이 말에 의문이 있다. 나이가 들어서 몸 상태가 안 좋아진 것인가?
아니면 몸 상태가 안 좋아진 것을 나이 탓으로 돌리는 것인가?

찬찬히 생각해보니 전자보다는 후자 쪽에 가깝다. 지금까지 살면서
몸 상태가 좋았던 적이 별로 없었기 때문이다. 젊은 시절에는 몸 상
태가 좋지 않아도 마땅히 핑계 댈 게 없었는데, 나이가 드니 딱 좋은
핑계가 생긴 것이다. 나이 핑계를 대면서 평소 건강관리를 소홀히
한 스스로의 책임에서 벗어나고 싶은 것이다. 또한 나이 핑계를 대
면서 건강관리가 앞으로도 본인과 상관없는 일인 양 외면하고 싶은
것이다.

애먼 나이 탓으로 핑계를 대면 안 될 것 같다. 너 나 할 것 없이 나이
탓만 해대니 정작 당하는 나이는 얼마나 억울하겠는가? 누가 본 적

도 없고, 정체도 알 수 없는 나이가 무슨 죄가 있는가? "나이가 드니 몸이 예전 같지가 않아"와 같은 책임 방기와 자포자기의 말 대신 이런 말을 해야겠다.

"몸이 좋지 않아. 건강에 더 신경써야겠어."

올해도 나는
양치질을 배운다

치과에 방문했다.

스케일링을 받았다.

일 년에 한 번씩 하게 되는 스케일링!

스케일링 의료보험은 안 챙기면 손해다.

스케일링을 할 때마다

간호사에게 양치질을 배운다.

"선생님! 양치질을 잘 하셔야겠어요."

"그냥 막 문지르시면 안 돼요."

"브러시를 위아래로 쓸어 올리고 쓸어내리셔야 해요."

"이빨과 이빨 사이, 이빨과 잇몸 사이의 음식물 찌꺼기를 제거하셔

야 해요."

인체 구강 모형을 보여주면서

시청각 교육으로

친절하게 나에게 양치질을 가르쳐 준다.

도대체 몇 년째야?
올해도 나는 양치질을 배운다.
내년에 또 배운다에 한 표!

차 트렁크

차 트렁크엔 차주의 취미가 실려 있다.
골프를 좋아하는 사람의 트렁크엔 골프 백이
낚시를 좋아하는 사람의 트렁크엔 낚시 도구가
등산을 좋아하는 사람의 트렁크엔 등산 장비가 있다.

내 트렁크에는 무엇이 실려 있을까?
궁금해서 트렁크를 열어본다.
이건 뭐지?

온갖 잡동사니로 가득 차 있다.

트렁크에게 질문을 한다.
"트렁크야! 나는 어떤 취미를 가지고 있는 거니?"
트렁크가 답한다.
"당신의 취미를 알 수 없습니다."

시건방진 트렁크!

니가 뭘 안다고 지껄이는 거야?

흥분된 마음을 차분히 가라앉히고

내 트렁크에 실리면 좋을 물건을 떠올려 본다.

딱히 떠오르는 게 없다.

에휴.

잡동사니를 치우면 생각날까 싶어,

트렁크 청소에 나선다.

빈 공간이 생기면 분명 떠오를 거야.

빈 공간이 생기면

내가 거기에 무엇을 집어넣고 싶은지 알 수 있겠지.

그리고 빈 공간에 채워질 물건을 통해

내가 무엇을 좋아하는 사람인지 알 수 있을 거야.

삶은 차 트렁크와 닮은 것이 아닐까.

비워내지 않으면 점차 쓸모를 상실해버린 잡동사니로 가득 차버린다. 심지어 새롭게 채워 넣은 것조차 잡동사니의 일부가 돼 버린다. 비우면 무엇을 채워야 할지 알게 된다. 그리고 새롭게 채워 넣은 것이 보다 선명하게 보일 것이다.

귀농 생각

은퇴 후에 뭘 할까?
백세 시대라고 하는데
은퇴가 얼마 남지 않은 것 같은데
그 길고 긴 시간을 뭘 하며 살아야 하나?

문득 TV를 보니
귀농을 하는 사람들이 많다고 한다.
심지어 귀농을 하면 정부에서 재정적 지원도 해준다고 한다.

맞아! 나는 시골 출신이다.
수구초심首丘初心이라고 하지 않았던가?
나도 태어난 곳으로,
내가 어린 시절을 보냈던 시골로 돌아가는 거야.
그리고 정직한 땅과 함께 사는 거야.
뭐니 뭐니 해도 마음 편한 게 최고지.
여유와 평화를 느끼면서 말이야.

아내에게 전했다.

진지하게 나의 뜻을 밝혔다.

아내 왈,

"그래? 그럼 당신 혼자 농사지어."

… 귀농 생각을 바로 접었다.

새로움은 버겁고
익숙함은 아쉽다

휴대폰을 바꿨다.

남들이 다들 바꾸길래

구형 휴대폰이 왠지 없어 보여서,

가격과 요금제에 뜨끔 놀라면서도

TV 광고에 나오는 최신 휴대폰으로 쪼르르 갈아타고 말았다.

약정도 아직 많이 남았는데….

손에 든 휴대폰은 최신이지만

사용하는 나는 여전히 구식이다.

전화 걸고 받고, 사진 찍고, 인터넷 검색하고

앱 몇 개 사용하는 게 전부다.

신기능이 많다고 하는데 귀찮고 피곤해서

솔직히 알고 싶은 마음도 없다.

카메라 렌즈는 왜 이리 많은지.

이어폰 구멍은 대체 어디로 간 거야?

최신 휴대폰을 탐내는
우리 아이에게 넘겨주고
그냥 쓰던 거 다시 쓸까 보다.

다가오는 새로움은
버겁기만 하고
멀어지는 익숙함은
아쉽기만 하다.

미용실 하나
바꿨을 뿐인데

다른 건 몰라도 미용실은 잘 안 바꾼다. 늘 방문하는 단골가게가 있다. 그곳에는 내 머리를 담당해주는 분이 계시고 나는 항상 그분에게만 머리를 맡긴다. 그분이 바쁘거나 자리를 비울 때면 내 일정을 바꿔서라도 그분을 찾는다. 단골가게에 집착하는 이유는, 굳이 내가 원하는 스타일을 설명하지 않아도 되기 때문이다. 알아서 '전과 똑같은' 스타일로 만들어준다.

출장 중에 어쩔 수 없이 다른 미용실에서 커트를 해야 하는 상황이다. 왠지 불안한 마음이다. 얼굴도 크고 정수리가 튀어나와 커트가 쉽지 않은 두상이라는 말을 많이 들어왔다. 초보자에게 걸려 혹시라도 망치면 어떡하나 하는 걱정이 앞선다. 그런데 웬걸, 단골가게보다 훨씬 낫다. 답답해 보였던 이마를 시원하게 드러내주어 훨씬 젊어 보인다. '전과 똑같은' 스타일이 아님에도 불구하고 전보다 훨씬 나아 보인다.

분명 단골가게에서 내 머리를 가장 잘한다고 생각했는데, 알고 보니 착각이었다. 그곳은 내 머리를 가장 잘하는 곳이 아니라 그저 익숙한 곳에 불과했다. 늘 다니던 익숙한 곳이기에 늘 내 머리를 담당하는 익숙한 분이 계시기에 내 집처럼 마음이 편했던 것이다. 나는 오랫동안 익숙한 것을 잘하는 것으로 착각하고 있었던 것이다.

요즘 나는 매번 미용실을 바꾼다. 같은 곳을 두 번 연속 방문하지 않는다. 그리고 미용실을 바꿀 때마다 새로운 헤어스타일의 나를 만난다. 물론 결과가 마음에 안 드는 경우도 많다. 하지만 그러면 어떤가. 나이도 먹을 만큼 먹었고 누가 쳐다볼 일이 없는 얼굴인데 솔직히 망칠 것도 없고 망쳐 봐야 별거 없다. 남들 보기엔 도긴개긴이다.

미용실 하나 바꿨을 뿐인데, 꽤나 새롭다.

다시 달리는 법을 배우다

달리기를 시작하면서 자세에 문제가 많음을 깨닫게 되었다. 달리고 나면 등, 무릎, 허리, 발가락이 아픈 이유도 비로소 알게 되었다. 달리기 전문가를 통해 비로소 올바른 달리기 자세에 대해 배울 수 있었다.

먼저 팔 동작에 문제가 있었다. 가슴을 펴고 팔을 앞뒤로 움직일 수 있도록 해야 한다. 특히 팔꿈치 동작이 중요한데 팔꿈치가 등 뒤 방향으로 살짝 찍는 듯이 해야 하고, 그 반동으로 팔이 앞으로 움직일 수 있도록 해야 한다. 나는 그간 팔이 몸통 앞쪽에서 좌우로 움직이고 있었다. 그러다 보니 달릴 때 가슴이 활짝 펴지지 못하고, 상체가 굽은 구부정한 자세가 나오는 것이다. 결과적으로 달리기가 상체 운동으로 이어지지도 못했고, 달리고 나면 등 부위에 통증이 느껴졌던 것이다.

다음으로 발바닥 사용에 문제가 있었다. 달리기는 걷기와는 달리 발바닥 전체가 아닌 앞 부위를 사용하는 운동이다. 발바닥 앞 부위로 내디디면서 엄지와 검지 발가락으로 전달되는 힘으로 지면을 차 내

듯 달려야 한다. 발뒤꿈치가 먼저 지면에 닿아서는 안 된다. 발뒤꿈치를 사용하면 종아리 근육이 움직이지 않고 무릎과 허리에 무리가 간다. 어이없게도 나는 오랫동안 반대로 하고 있었다. 발뒤꿈치를 먼저 딛는 것이 좋은 줄 알고 열심히 그렇게 하고 있었다. 달릴 때 무게 중심이 살짝 앞으로 가 있어야 하는데, 몸이 젖혀진 형태로 상체가 발을 따라가기 급한 형국이었던 것이다. 발바닥 자세를 제대로 취해보니 종아리 근육이 비로소 제대로 움직이는 것이 느껴진다.

마지막으로 달릴 때 오른발의 각도가 오른편으로 10도 정도 틀어져 있었다. 엄지와 검지 발가락으로 최종 힘이 전달되어 차 내는 형태로 달려야 하는데, 오른발은 다섯 개의 발가락 전체를 사용하는 형국이었다. 그러니 달리고 나면 꼭 오른발 새끼발가락이 아팠던 것이다. 발가락을 전부 이용하고 있었으니 가장 약한 새끼발가락에 부하가 걸렸던 것이다. 원래부터 이랬는지, 나이가 들어 팔자걸음으로 진행되는 과정에서 나타난 현상인지는 모르겠지만 지금이라도 알아서 정말 다행이다.

쉰 살도 새롭게 배워야 할 게 많은 나이다. 아니, 오랜 세월 동안 잘못 배운 것을 고쳐가면서 배워야 하는 나이다.

명상을 잘하는 법

명상은 불안한 상태에서 벗어나
마음의 평화를 얻기 위한 수행이다.

그래서 명상을 하려면
자신을 괴롭히는 모든 것으로부터 벗어나야 한다.
머릿속 잡념을 없애고 마음을 비워야 한다.

그런데 해 보니 이게 가능하지 않다.
없애려 할수록 생기게 되고
비우려 할수록 채워지게 된다.
코끼리를 생각하지 않으려고 할수록
코끼리가 더 생각나는 것처럼 말이다.

명상을 하면 평화가 올 줄 알았는데
명상을 하면서 잡념이 많아져 오히려 더 괴로워진다.
이런 나를 보며 누가 그런다.

진정한 명상은
없애고 비우는 것이 아니라
감사하는 마음을 갖는 것이라고.

그래서 주변에 존재하는 것을 하나하나 떠올리며
감사한 이유를 찾아보았다.

한참을 그러다 보니
어느새 잡념이 사라지고
오로지 감사의 마음 한 가지만 남게 되었다.

감사의 마음이 더해지고 커지면서
마음 한구석에서 안정감이 느껴지기 시작했다.
진정한 명상을 할 수 있게 되었다.

어쩌다 감사하는 마음이 아니라
매사 감사하는 마음의 삶을 살 수 있다면 참으로 좋을 것이다.
삶 자체가 명상일 것이며,
나아가 늘 마음의 평화가 함께하는 삶을 살 수 있을 테니 말이다.

반려식물

집들이 선물로 커다란 화분 하나를 받았다.
크로톤!
특색 없는 집 안 분위기에 포인트가 생겼다.

그저 화분 하나일 뿐인데
볼수록 자태와 위용이 예사롭지 않다.
그것의 정체를 좀 더 자세히 알고 싶어졌다.

잎사귀에 존재하는 색깔이 몇 개인지 찾아 세어보았다.
초록색, 연두색, 빨간색, 주황색, 연분홍색, 노란색, 흰색 등등
아는 색깔만으로도 열 가지 이상이고,
알지 못해 표현할 길이 없는 색깔이 훨씬 더 많다.

잎사귀에 존재하는 무늬도 찾아 세어보았다.
점박이, 방사형, 실핏줄, 피시본, 빗살무늬 등등
무늬에 어울리는 이름을 떠올리다가
내가 얼마나 아는 것이 없는 사람인지 새삼 깨닫게 되었다.

내가 아는 무늬와 알지 못하는 무늬가

규칙이 있는 듯 없는 듯,

빽빽한 듯 여유로운 듯

서로 안 어울리는 반대의 것들이 기묘한 조화를 만들어낸다.

눈물이 쏟아지는 감동을 준다는

마크 로스코의 작품 같기도 하고,

어지러운 세상에 질서와 균형을 잡아준다는

피에트 몬드리안 작품 같기도 하다.

귀한 예술 작품 대하듯

눈에 띄는 공간에 놓아두고,

상하지 않게 온도, 습도, 빛을 적절히 조절해주며,

하루하루 찬찬히 감상하며 함께 살아야겠다.

나이가 들면 식물이 좋아진다고 하는데,

식물의 예술성에 눈을 뜬다고 하는 게 맞을 것이다.

나이가 들었다는 신호들

아래의 내용을 읽고 당신에게 몇 개나 해당되는지 체크해보라.

피아노곡으로 들으면 왠지 슬퍼진다.

비 올 것 같은 날씨에 마음이 편안해진다.

잠자리에 들었는데 잠들기가 어렵다.

마블 영화를 봐도 꾸벅꾸벅 조는 일이 많다.

좋은 데를 가도 별다른 감흥이 없다.

뭘 새롭게 배우려 하기보다는 하던 걸 계속하려고 한다.

내 생각과 다른 생각을 듣게 되면 왠지 화가 난다.

아무것도 하지 않았는데 몸이 아프고 찌뿌둥하다.

신호등 초록 불이 깜빡일 때 서둘러 건너기보다는 다음 신호를 기다린다.

오후 세 시 이후에 커피를 마시면 꼴딱 밤을 새운다.

빨리 먹거나, 많이 먹거나, 차게 먹으면 소화불량이 일어난다.

서운병이 도져 서운해지는 일들이 많다.

건강검진을 하면 혹시 알지 못하는 병이 있을까 싶어 걱정이 앞선다.

옷을 멋들어지게 입고 싶은데 하나같이 마음에 안 들고 어울리지도 않는다.

거울 속 내 얼굴이 왠지 슬퍼보인다.

책을 읽어도 머릿속에 기억나는 것이 없다.

모두 나이가 들었다는 신호들이다.

몇 개나 해당되는가?

항상 술이 문제다

술 한잔했다.
술 한잔을 거하게 마시고 말았다.
마시고 또 마시다 보니
오랫동안 애써 억눌러왔던 본능 한 가지가 스멀스멀 올라온다.

항상 술이 문제다.
술 먹기 전에는 넉넉히 컨트롤이 가능했는데,
이깟 술 한잔에 결코 만나고 싶지 않았던 본능 한 가지가
결국 마수를 드러내고 마는구나.

내가 지금 나이가 몇인데 이 따위 본능에 넘어가면 절대 안 되는데.
그동안 내가 얼마나 어렵사리 참아왔는데.
술과 함께 얼큰하게 달아오른 육신에
그동안 나를 통제해왔던 절대 이성이 무너지고 만다.

끝내 라면을 끓여 먹고 말았다.
속을 달랜다는 명분으로 최후의 국물 한 방울까지 들이마셔버렸다.

자정쯤, 이 말도 안 되는 시간에
얼큰한 국물의 유혹에 빠져 제정신을 잃고 말았다.

속이 불편해질 것이다.
얼굴이 퉁퉁 불어 터질 것이다.
후유증을 이미 알고 있지만
술기운을 핑계 삼아
라면이라는 치명적인 유혹에 넘어가고 말았다.
다신 그러지 말아야지.

술 먹고 라면을 참을 수 있는 방법!
누가 아는 사람 없나?

잠으로부터의 자유

언제부턴가 밤에 잠을 이루기가 어렵다.
머리를 대기만 하면 누가 업어 가도 몰랐던 내가
걱정이 많아서인지, 예민해져서인지는 몰라도
잠들기도 어렵고 새벽에 잠을 깨는 일도 많다.
새벽에 잠에서 깨면 다시 잠을 청하려고 애써보지만
그럴수록 정신은 말똥말똥해지니 아주 환장할 지경이다.
수면 음악이라는 것도 틀어봤으나 정신만 사나워진다.
수면을 돕는 알약이 있다기에 물과 함께 먹었더니
오밤중에 깨어 화장실에 가게 된다.

어느 날 새벽, 여느 때와 같이 눈이 떠지길래
애써 잠을 청하기보다는 차라리 잠으로부터 자유로워지기로 했다.
청해 봐야 오지 않을 게 뻔한데 미련을 갖거나 집착하기보다는
아예 잠으로부터 해방되기로 했다.
침대에서 탈출하여 거실 테이블에 걸터앉았다.
딱히 할 일도 없고 말동무할 사람도 없다.
적막함이 너무 쓸쓸해 다시 누울까 하는 마음이 드는 순간,

어젯밤, 쓰다 내버려둔 거친 글 한 편이 눈에 들어온다.

한 문장만 고쳐야지.
가벼운 재즈 음악에 마음을 맡기고
노트북 자판에 손을 슬그머니 올렸더니
신기하게도 간밤에는 떠올릴 수 없었던 생각들이
번쩍하며 전두엽을 강타한다.
시간이 얼마쯤 지났을까?
길을 잃고 헤매던 글 한 편이 마무리되는 감격을 맛본다.
그 순간 몸과 마음이 소임을 다한 듯 잠이 스르르 쏟아진다.
꿀잠, 정말 오랜만이다.

잠이 안 오는 게 문제가 아니라,
잠이 안 올 때 할 일이 없다는 게 문제였다.
잠이 안 올 때 할 일이 있다면
잠이 안 오는 문제는 삶에서 더 이상 문제가 될 수 없다.

누가 했을까?

푹 자고 일어났더니
지니가 왔다 간 듯 집 안이 산뜻하다.

싱크대 볼은 속 시원하게 비워져 있고
물기를 뺀 화사한 그릇들이 조명처럼 빛난다.

쌓이다 못해 무너져 내렸던 분리수거 쓰레기는
거대한 공간을 선물로 남기고 흔적도 없이 자취를 감추었다.

나를 돕기 위해 출장을 떠났다가
길을 잃고 내버려졌던 서재의 각종 서류와 물품들은
휴가를 명 받아 비로소 각자의 집에 복귀하여 휴식을 취한다.

출출하여 냉장고 문을 열었더니
5성급 호텔 조식이 부럽지 않을 먹거리가 종류별로 가득하다.
꺼내 차리기만 하면 된다.

퍼펙트!

모든 것이 완벽하게 세팅되어 나의 명령을 기다린다.

뭘 해도 잘될 것 같고,

왠지 좋은 일만 가득할 것 같은 하루다.

내 삶이 항상 이와 같다면 얼마나 좋을까?

누가 했을까?

도대체 누가 나를 위해

이런 수고를 아끼지 않았을까?

그건 바로 '어제의 나'

살면서 나 자신에게 고마움을 느낄 때가 있다.

그것은 '오늘의 나'를 위해

애써 준 '어제의 나'다.